消費増税の黒いシナリオ

デフレ脱却はなぜ挫折するのか

田村秀男

幻冬舎ルネッサンス新書
089

はじめに

消費税増税でアベノミクスは必ず挫折する

2014年は安倍首相の「今年はデフレ脱却という勝利に向けて攻める番」という勇ましいかけ声で幕を開けました。新聞やテレビを見ても、〝4月からの消費税増税があっても、政府が約束した景気対策や法人税減税などの効果で消費の落ち込みは防げるからアベノミクスによってもたらされた「好景気」は、問題ない〟といった楽観論が圧倒的に優勢です。景気対策に直結する公共事業は1月末の国会に提出された2013年度補正予算案と2014年度予算案で具体的に示されましたが、新聞やテレビは、これを「大盤振る舞い過ぎる」と批判する始末です。

本当にそうでしょうか。私にはそうは思えません。4月から消費税増税が行われれば、2012年暮れに自民党が政権を奪取して以来、安倍首相の主導の下で進められてきたいわゆるアベノミクスのもくろみはご破算になってしまうと私は考えています。政府や大手マスコミは「消費税増税があっても景気は回復を続ける」というキャンペーンを張るのにやっきになっていますが、東京や大阪で街の声を聞いても、地方の中小事業者の実情を取材しても、明るい材料はほとんど見当たりません。政府の発表しているデータの詳細を見ても、消費税が5％から8％になっても、景気が回復することを裏付けるようなデータはほとんどありません。消費税が上がれば日本が再びマイナス成長に逆戻りし、ようやく緩やかなインフレに向けて成長を取り戻したかに見えた日本経済は、もとのデフレ地獄に陥ってしまう危険性が高いのです。

中小企業は賃上げなど不可能

4月から消費税が増税されると、家計の負担は日本全体で最大8・1兆円増えるという財務省の試算があります。つまり本来なら消費に回っていた所得が消費増税によって政府に吸い上げられ、消費に8・1兆円の穴があくということです。その上、公的年金が1兆円カットされ、さらに消費を押し下げます。

さらに公共事業の予算について言えば、政府もメディアも真実を伝えていません。

景気との関連で予算を考えると、GDPの押し上げ効果がある公共事業など、政府が直接負担して支出する「真水」部分が鍵になります。真水は昨年1月の大型補正で5兆円（うち公共事業2・4兆円）、今年度補正予算案では3兆円（同1・03兆円）となっています。

補正と本予算を合わせた「15カ月予算」として真水を公共事業に限定すると、真水規模は13年度10・3兆円、14年度8・96兆円で、1・3兆円縮小します。さらに14年度は、消費税増税による家計の負担増8・1兆円、公的年金給付カット1兆円を加えると、10・4兆円の真水を政府は逆に吸い上げることになるのです。

政府も資材購入などで消費税分を1兆円余り負担するので、その分を勘案すれば9兆円余りの真水減となり、国内総生産（GDP）のうち2％前後を押し下げます。13年度の名目GDPは、アベノミクス効果で第3四半期に前年比2％余り上昇（12年度は0・22％）と急回復していますが、今年度は再びゼロ％以下の成長に舞い戻る恐れがあるのです。

消費税増税を行った上で、これらを吹き飛ばし景気を引き続いて回復させていくには、大幅な賃上げをする以外にありません。

しかし、本文で詳しく述べているように、日本の雇用の3分の2を占める中小企業は、いまだアベノミクスの恩恵に浴していません。それどころか消費税増税分はもちろん、アベノミクスによる円安がもたらした輸入原材料の高騰分さえ製品に転嫁できない状況です。とても賃上げができるような余裕はありません。

大企業も輸出が好調な一部のメーカーを中心にベースアップを考えているようですが、大部分の企業にとってこの春の大幅な賃上げは無理でしょう。賃上げができなければ、アベノミクスの第一の矢である「異次元の金融緩和」でようやく動き出したお金の流れは、株価を押し上げただけで実体経済には届きません。

繰り返しになりますが、これはアベノミクスの挫折を意味しています。このまま消費税増税が行われれば、ようやくデフレ脱却に向けて動き出した景気が再び減速し、4月以降、日本経済はデフレの泥沼に逆戻りし、「15年デフレ」は「20年デフレ」、あるいは際限のないデフレ局面に突入しかねないのです。

消費税増税必要論の欺瞞

では、なぜそこまでして消費税を上げなければならないのでしょうか。

政府の建て前は「社会保障と税の一体改革」を実現するためです。日本政府は1000兆円を超える借金を抱えており、社会保障費の増大によってその借金はどんどん増え続ける。しかも日本経済は低成長が続いており税収も伸びない。このままでは日本の財政は破綻する。破綻を回避するには確実に税収が見込める消費税の増税以外にない。これが政府と日本政府の財布を預かる財務省の消費税増税を正当化する理屈です。

しかし私が本書で詳しく紹介しているように、日本政府は1000兆円を超える借金がある一方で500兆円を超える金融資産があり、その多くが官僚の懐を肥やしています。その資産を持つために国民からわざわざ借金しているのです。社会保障の大半を占める年金についても、財務省など政府はすぐにも破綻するようなことを言っていますが、実際の年金制度は加入者の掛け金で十分に賄われています。政府が直接負担している部分は微々たるものなのです。

さらに言えば、私が最も納得できないのは「税収が伸びないから、消費税を上げるしかない」という政府や財務省の理屈です。

たしかにこの15年ほど、日本の税収は伸びていません。伸びていないというより、どんどん減っています。家計を預かる主婦のみなさんもご主人の給料がどんどん減ってくれば「何とかならないかしら」と不安になると思います。財務官僚はそんな勤勉で善良な日本国民の心理を逆手にとって、国家財政を家計になぞらえることにより、1000兆円以上の政府債務を家計全体の債務だという詐欺論法を展開し、御用メディアに書かせています。

経済を成長させるのが本来の政府の役割であり、経済成長に伴って増加する税収で国家を経営するのですが、財務省はこれまで増税と緊縮財政によって経済成長をマイナスにし、家計の所得を大幅に減らしてきたのです。日銀の金融政策も2012年まではデフレ容認路線で、財務省と同一歩調だったのです。財政・金融政策の恐るべき誤りが「空白の20年」「15年デフレ」をもたらし、財政収支を悪化させてきたのです。その重大な誤りに知らぬふりをするばかりか、増税によって責任を家計に押し付け、「脱デフレ」を目指すアベノミクスをぶち壊そうとするのです。

税収を減らす政策で増税に誘導する官僚

税収が伸びないから税率を上げるのがあたりまえだとうそぶく官僚が支配する国は、日本以外の先進国には見当たりません。

財務省はホームページで国家財政を家計になぞらえる詐欺論法を展開しているのですが、財務官僚は家計とは何かをまったく知らないようです。

ご主人の給料だけが頼りの勤労者の家庭では、家計が苦しくなれば無駄な支出を減らすでしょう。個人で商売をやっている家庭なら、まず売り上げを増やす努力をするのではないでしょうか。

これを政府にあてはめれば、前者は歳出の無駄の見直しであり、後者は日本の経済を成長させることです。経済が毎年成長してGDPが増えていけば、税収も自然に増えていくのです。増税で働き手を苦しめると活力が失われ、税収が減ります。

私が本書で指摘したいのは、なぜ税収が伸びないのか、どうしたら税収が伸びるのか、という議論が、はじめから今回の消費税増税に欠けている点です。本文で繰り返し述べているように、財務官僚は今回の消費税増税について「1%消費税を引き上げれば2・7兆円増収になります」という単純な説明しかしていません。消費税が上がれば消費が抑えられて結果として税収が減るといった誰でもわかる理屈さえ無視しているのです。

誰がデフレを望んでいるのか

日本はこの15年というもの、地を這うようなマイナス成長を続けてきました。これは高度に発達した資本主義の時代になってから、いかなる先進国にも前代未聞、史上未曾有のことです。ここまでマイナス成長が続きデフレ経済に慣れてしまうと、デフレは日本経済の宿命であるかのように自虐する倒錯論が横行するようになります。しかしこれはけっして日本経済の宿命ではないし、地震や台風のような自然災害でもありません。日本経済が永遠にデフレであっても構わない似非《えせ》エリートたちがいて、彼らが日本経済の舳先《へさき》をデフレへデフレへと向けさせているのです。彼らにとってアベノミクスが成功するかどうかは問題ではなく、少しだけ瞬間的に景気が良くなったように見せかけて国民が消費税増税を受け入れる環境作りができればそれでいいのです。

では、誰が日本経済がデフレであってほしいと考えているのでしょうか。そしてなぜ彼らは日本経済がデフレでないと困るのでしょうか。

これが本書の最大のテーマです。

前振りはこのあたりにして、後は本文を読んでいただきたいのですが、本書はあまり経済に詳しくない方にも読んでいただけるよう、なるべく難しい経済用語や細かいデータを使わないように努力しました。また専門的に見ると、もう少し丁寧な書き方をすべきところをあえて単純化している部分もあります。専門的な知識の整合性よりも私が経済ジャーナリストとしてつかんできた日本経済のイメージや問題点を、次代を担う若者や日本の屋台骨を背負っている現役世代にわかりやすく伝えることを優先させました。

本文にも書きましたが、本書の読者として想定しているあなた方、若者や現役世代は15年以上続いたデフレ社会の中で出口の見えない閉塞感に苦しんできたと思います。ようやくアベノミクスによって一瞬、出口が見えかけましたが、それも消費税増税の前に潰《つい》えさろうとしています。この先、さらに厳しい状況が続くと思いますが、あなた方を苦しい生活に追い込んだ当事者たちが、アベノミクスの行き詰まりを前にしてどんな言い訳をするでしょうか。それは２０１５年10月からのさらなる消費税増税、さらに消費税率を20％、最終的には40％以上に持っていくきりのない増税推進論だと、私は見ます。

この恐るべき日本破壊のシナリオを阻止するのは読者の方々であり、非力ながら本書がご判断の材料になることを願っております。

消費増税の黒いシナリオ　デフレ脱却はなぜ挫折するのか

目次

第一章　消費税増税で現役世代が殺される

第二章　失われた20年の正体……55

第三章　私が脱デフレを主張し続けた理由

第四章　日本を不幸にするデフレ政策がなぜ変えられないのか……125

第五章　こうすれば元気な日本を取り戻せる……165

構成・編集協力　冨成正樹
DTP　マジカル・アイランド

第一章　消費税増税で現役世代が殺される

1　若者や現役世代を痛めつけるデフレ

15年で主婦のパート分下がった賃金

本書の読者、とりわけ20代から40代のいわゆる現役世代のみなさんに知っていただきたいのは、この15年余りの間に日本の勤労者の平均収入が約16％も減ってしまったという事実です。

総務省のデータによると、勤労者世帯の平均月収は、１９９７年には約49万円ありました。それに対して２０１１年は41万円余りと、金額にして実に７万７０００円余りも減ってしまいました。主婦のパート月収の平均が２０１１年で約９万５０００円ですから、ほぼ奥さんのパート月収分ぐらいが吹っ飛んでしまった計算になります。つまり１９９７年にはご主人だけで50万円の収入があった家庭があるとすると、２０１１年には奥さんがパートに出ないと同じ収入を確保できなくなってしまったということです。

こういうふうに言うと必ずこんな声が聞こえてきます。

「たしかに給料は上がらなかったけれど、１００円ショップができたりして、モノの値段

図１　デフレ下では所得の下落率が物価下落率を大きく上回る

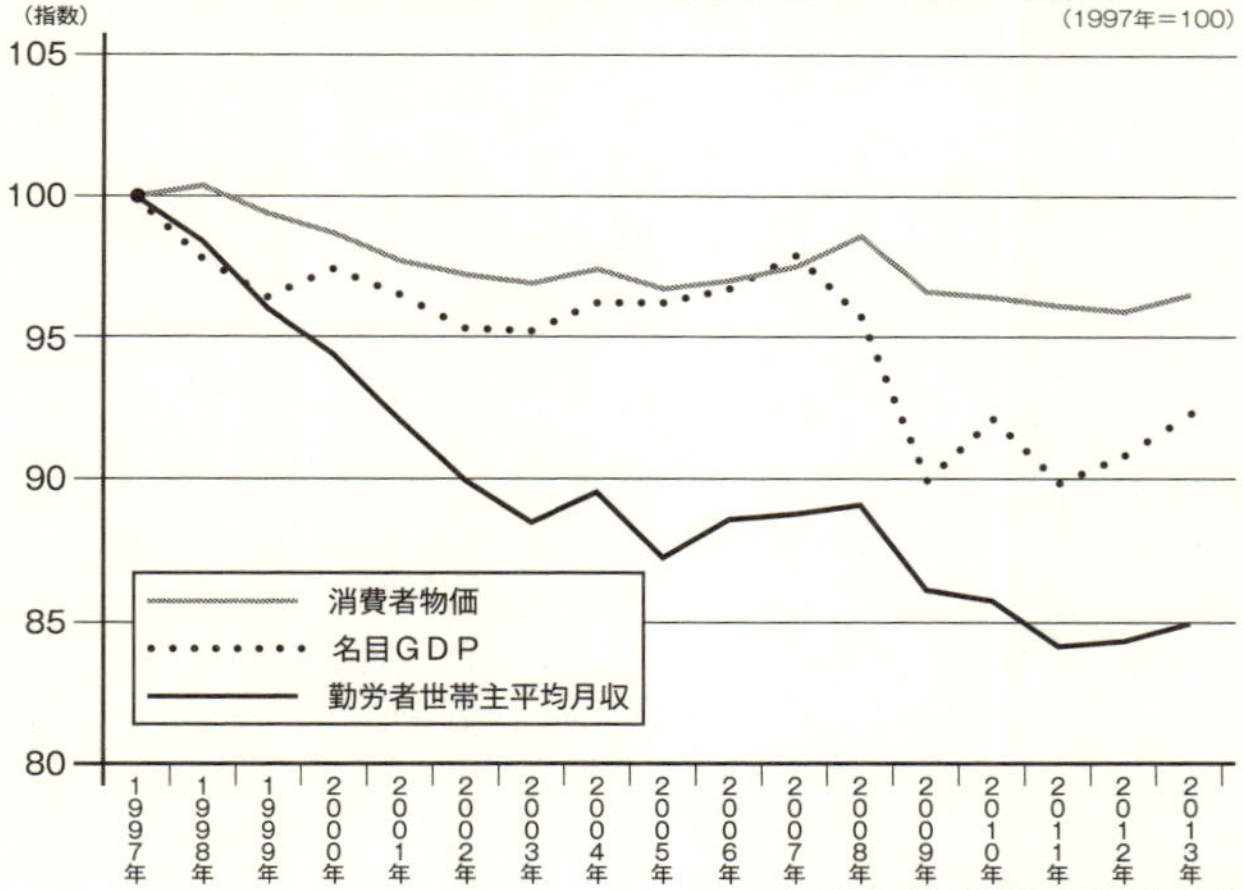

（データ出典：総務省家計調査及び内閣府統計）

も下がっているからいいんじゃないの」

給料が上がらず収入が減っても、モノの値段、つまり物価も下がっていけば生活はそれほど苦しくならないのでは、という意見です。なるほどバブルの頃はコーヒー一杯1000円以上の喫茶店が現れたことがありましたが、最近ではコンビニの店頭でおいしいレギュラー・コーヒーが100円で飲めるようになったと話題になったばかりです。

物価は勤労者の収入ほど下がっていない

しかし実際に日本の物価はそれほど大きく下がっているのでしょうか。

答えはNOです。それは図1を見ていた

だけば、誰の目にも明らかです。図1はここ15年の消費者物価と勤労者の平均月収、それに名目GDPの変化を示したものです。

1997年を100としたとき、みなさんが小売店などで買うモノの値段（消費者物価）は2012年でも95に届いていません。つまり5％も下がっていないのです。それに対して勤労者の平均月収は下がり方が大きく、東日本大震災があった2011年には、85を割り込み、先に触れたように勤労者の平均月収の下落率は16％に届きそうな勢いです。

また消費者物価の下がり方が年に0・3％弱とゆっくりであるのに対して、勤労者世帯の平均月収は年に1％強、金額にして5000円ほどの割合で急激に下がり続けてきたことがわかります。つまりこの15年間、物価の下がり方の3倍から4倍のペースで勤労者の平均収入は下がり続けてきたのです。

日本の屋台骨を支える現役世代や若者の悲鳴が聞こえてきそうです。

15年以上もデフレが続く異常事態

図1からは日本の実体経済のナマの姿を示す名目GDP（物価変動分を調整する前の国内総生産）も、この15年間で11％下がっていることがわかります。金額にすると何と53兆円

です。日本国内でのモノの生産（国内総生産）が減れば、それは国民所得の減少となって現れます。国内総生産の減少とはモノを作っても売れないから生産を減らすということです。モノが売れなければ企業の収益が減りますから、勤労者の所得も減る。所得が減れば勤労者はさらにモノを買わなくなる。その結果またまたモノが売れなくなるという悪循環に陥ります。このようにして経済が縮小し、当分の間はモノの値段が下がっていくだろうと多くの人びとが考えている状態をデフレ（デフレーション）と呼びます。

日本経済はここ15年ほどの間、一貫してこのデフレの中にありました。世の中にはさまざまな経済の教科書があり、さまざまな学者が自説を展開していますが、こうした長期間のデフレに陥った国がとるべき政策について、正面から言及した教科書はありません。欧米諸国も含めてこれほど長い間デフレが続いた例はないからです。

現役世代を直撃するデフレの怖さ

この15年の間、日本経済が直面してきた異常とも言えるデフレでとくに問題なのは、前にも触れたように勤労者の平均収入の下落率が、この国内総生産の下落率をはるかに上回っていることです。日本の経済はこの15年にわたってどんどん縮小し続けてきましたが、勤労者の家計はそれ以上のペースで縮小してきました。つまり家計はそれ以上に苦しくなってきたということです。見方を変えれば日本経済の縮小によって起こってきたさまざまな問題が、あなた方現役世代にしわ寄せされていると言えるのです。

現在40歳の人が大学を出て働きはじめたのがちょうど15年ほど前です。また日本で今働いている人は約6000万人いますが、そのうち40歳以下の人は約3000万人と言われています。ですから、今日本で働いている人のうち、約半数の人びとが「働けば将来的には給料が上がって、いい生活ができる」という実感を持てずに職場でキャリアを重ねてきたと言ってもいいのです。

もちろん日本の企業では、まだまだ年功序列の賃金体系が根強いですから、勤めている年数の増加とともに給料が上がっていった人もいるでしょう。しかし平均所得が16%も下がったのですから、もはや伝説と化した高度成長の頃や、バブルの頃の賃金アップに比べればお話にならないぐらい微々たるものでしかなかったはずです。

15年にわたって続くデフレは、現役世代の家計だけでなく、就職、結婚、子育て、親の介護、自分の老後といった人生設計をも直撃しています。

この15年の間に社会人となったあなた方の世代は、その前の世代に比べて良好な就労の機会を奪われ、所得（給料）がどんどん減っていくという体験以外したことがないはずです。今の若者が結婚したがらなかったり、子どもを欲しがらなかったりすることについていろいろと議論がありますが、私は何と言っても経済的な理由が大きいと思います。結婚して子どもを持ちたくても、今の給料じゃ無理、というのが本音でしょう。結婚して子どもを持てば教育費が重くのしかかり、さらには親の介護の負担も2倍になる、だから結婚しない。そうではないでしょうか。

デフレは誰も幸福にしない

現役世代は、上の世代である高齢者を養い、さらには次世代の子どもたちを育むことを求められる世代です。だから両世代の面倒を見なければいけないあなた方が、本当は一番所得が増えなければいけないのです。それなのに実際は現役世代の所得が一番減っている。そのことに政治家も官僚もそしてマスコミも目をつぶり、見て見ぬふりをしています。あなた方現役世代がデフレによる低賃金に甘んじなければならないのは、後に詳しく述べるように、けっして日本経済が持つ特殊性のせいではありませんし、よく新聞やテレビで取り上げられているような少子高齢化のせいでもないのです。

ではなぜ日本はこの異常なデフレから抜け出せないのか。

その理由は、日本経済の舵取りをしているごく一部の人びとにとってはデフレの方が好ましいからです。そのごく一部の人びととは、財務省や日銀を牛耳る財務官僚や、政治家、さらには一部の経済学者やマスコミです。私が本書で述べたかったのは、そうした人びとが、なぜ日本経済の行く先をさらなるデフレへと向けようとしているのか、であり、それを明らかにすることによって、これからの日本経済が進むべき方向を示すことです。

もし、こうした一部の人びとの思惑通り、今後も日本経済がデフレの状態を続けるとすると、日本経済の屋台骨を背負っていかなくてはならないあなた方、現役世代はけっして幸福にならないのです。

今、日本の次代を担う若い人たちは、自分の将来に大きな不安を感じているように見えます。私が大学を出た1970年頃は就職先についてそれほどあくせくする必要はありませんでした。私の家庭はけっして恵まれているとは言えず、学生時代は奨学金とバイトで暮らしていたようなものでした。大学の成績もお世辞にも良いとは言えなかったのですが、まあナントカなるだろうと楽観していました。どこか自分に適した職場があるに違いないという漠然とした安心感はあったのです。それに比べて今の大学生は大学時代にいくら勉強しても就職に関しては楽観できず、有名大学に入った上にさらに資格をとらなければだめだとか、私の世代には想像できないくらい大変だと聞きます。

また何とか就職できても、今度は学費の高騰で借りた奨学金が返せないという問題も起きています。

2　デフレ脱却の最後のチャンスが消える

デフレ脱却こそ最優先すべきだ

では、若い人たちが自分の将来に夢を持て、現役世代が子育てや親の介護も含めた家計負担に耐えられるだけの十分な所得を確保できるようにするにはどうすればいいのでしょうか。

私の答えはいたってシンプルです。デフレの方向に舵をとるのをやめて、日本経済全体が緩やかな物価上昇とともに持続的に成長するようにすればいいのです。

これから本書で詳しく述べていくように、この15年の間、日本経済の舵取りをする人びとはまったく逆の方向へと舳先を向けてきました。

曰《いわ》く「日本経済はもはや成長する必要がない」「日本はすでに経済成長できない構造になっている」「穏やかな経済の縮小を目指すべきだ」。

ところが２０１２年の暮れに自民党が政権を取り返し、安倍首相が積極的な財政政策と大胆な金融緩和を掲げてアベノミクスを推進しはじめると、こうした言説にまったく根拠のなかったことがつぎつぎと明らかになっていきました。

まず株価が上昇しました。それによって２０１３年３月時点における、日本の主要企業１００社の上場株の含み益は１兆４０００億円に増えました。安倍政権成立直前の２０１２年９月末では６６００億円の含み損を抱えていたことを考えると驚くばかりです。たった半年で2兆円も改善したことになるのですから。

一方、この株高に並行して円安も進み、日本経済を長年にわたって苦しめてきた「超円高」が解消しました。１ドル70円台に貼り付いていた円相場は、アベノミクスによって１ドル１００円を前後するようになりました。これによって日本の主要メーカーの業績は軒並み改善し、２０１３年3月期の上場企業の連結経常利益は2割増益になりました。これは過去最高だった２００８年3月期の9割程度の水準まで戻したことになります。

日本経済はまだまだ成長可能

このように２０１２年末に成立した第２次安倍政権が証明したのは、政治家が経済についてしっかりした見識を持ち、強力なリーダーシップを発揮すれば、日本経済の向かう方向を根本的に変えることができるということでした。

アベノミクスは、20年前のバブル崩壊によってすっかり自信を失い「日本の経済に、もはや成長を期待することはできない」と思い込まされていた人びとに、「日本経済もまだまだ成長できるのだ」という強固なメッセージを送ったのです。

私はアベノミクスが実施されるはるか以前から新聞や雑誌を中心に、「日本の経済を元気にするには脱デフレを追求するしかない」と主張し続けてきました。けれどもアベノミクスが登場するまで、ほとんど私の言説は無視され続けてきました。それにもめげず一貫して「脱デフレ」の政策をとることの重要性を説き、政治家にもその実行を求めてきました。また機会があるごとに記者仲間や友人、知人たちにも脱デフレの重要性を説き、私が所属する産経新聞の社内でも社論はもちろん経済記事全般の論調を「デフレ支持」から「脱デフレ」へと変えるよう主張し続けてきたのです。

アベノミクスの登場によって、次第にマスコミにも「脱デフレ」を主張する論調が見られるようになり、ようやく「脱デフレこそが日本経済を救う」という言説が奇異の目で見られることはなくなりました。

脱デフレを不可能にする消費税増税

しかし、後に詳しく述べるように、アベノミクスが掲げる日本経済のゆるやかではあるが確実な成長という路線を疑問視し、従来のデフレ路線を堅持すべきだと主張する勢力が衰えたわけではありません。2013年の5月下旬から6月にかけて日本の株価が乱高下したときには、朝日新聞をはじめとする大手新聞やテレビはアベノミクスの危うさが露呈したとばかりに、いっせいに「バブル崩壊」と騒ぎ立て、中にはアベノミクスを「アホノミクス」とまでこきおろす経済評論家も現れました。

まさに鬼の首でもとったような大騒ぎです。日本とは利害関係を異にする中国や韓国が日本株の暴落を囃《はや》し立てるなら話はわかりますが、自国の株が急落したことを喜ぶメディアや評論家というのは、いったい何を考えているのだと言いたくなります。

彼らは、今、日本が15年にわたるデフレから脱却し、経済成長に向かって舵を切る最後のチャンスを迎えていることをまったく理解していないのです。

もしここでアベノミクスが失速し、脱デフレに失敗するようなことがあったら、日本経済はもう二度と立ち直れないかもしれません。

しかし、こうしたメディアや評論家たちの無知と理解力の不足は今に始まったことではありませんから、アベノミクスの進展によって「脱デフレ」の必要性が少しは理解されはじめたことの方を喜ぶべきかもしれません。

本当に問題なのはアベノミクスの息の根を止めることになる消費税増税について、それを決断した安倍首相のまわりを含めて、あまりに楽観的な見方が横行していることです。

15年で11兆円余り減った税収

曰く「大幅な法人税減税を行うから心配ない」「5兆円規模の経済対策をするから大丈夫」。

本当にそうでしょうか。

消費税はバブルまっただ中の1989年に導入されました。税率3%ではじまった消費税は1997年に2%増税されて現在の5%になったのです。

このとき何が起きたか。

消費税を3%から5%に上げると、ただちに日本経済には強い縮小圧力がかかり、実体経済は10％も萎縮してしまいました。これがデフレの引き金となり、所得の縮小が雇用の縮小を呼びさらにデフレが進行する悪循環に陥りました。その結果１９９７年度には54兆円あった日本の税収は２０１１年度には42兆８０００億円と、この15年間で11兆２０００億円も減ってしまったのです。

今回の消費税増税は２０１４年に８％、翌２０１５年には10％を目指しています。財務省は「５％の消費税率を10％にすれば消費税収は倍になる」と、まるで小学生の算数のようなことを言っています。そこには増税による買い控えなど、消費税率アップがもたらす日本経済へのマイナス効果がまったく考慮されていません。もし財務省の言い分が正しいなら１９９７年の消費増税後、税収は増えていなければなりません。しかし実際には、今解説したように実体経済の縮小によって税収も落ち込み、いまだに増収にはなっていないのです。

同じような「失敗」はつい最近イギリスでもありました。２０１１年１月にイギリスはそれまで17・５％だった付加価値税を20％に引き上げました。付加価値税は日本の消費税に相当するものです。するとたちまち景気が悪くなり、税収も減ってしまいました。当時は２００８年に起きたリーマンショックからイギリス経済が立ち直りかけていた時期でし

図２　付加価値税増税後、実質マイナス成長と税収減に陥った英国

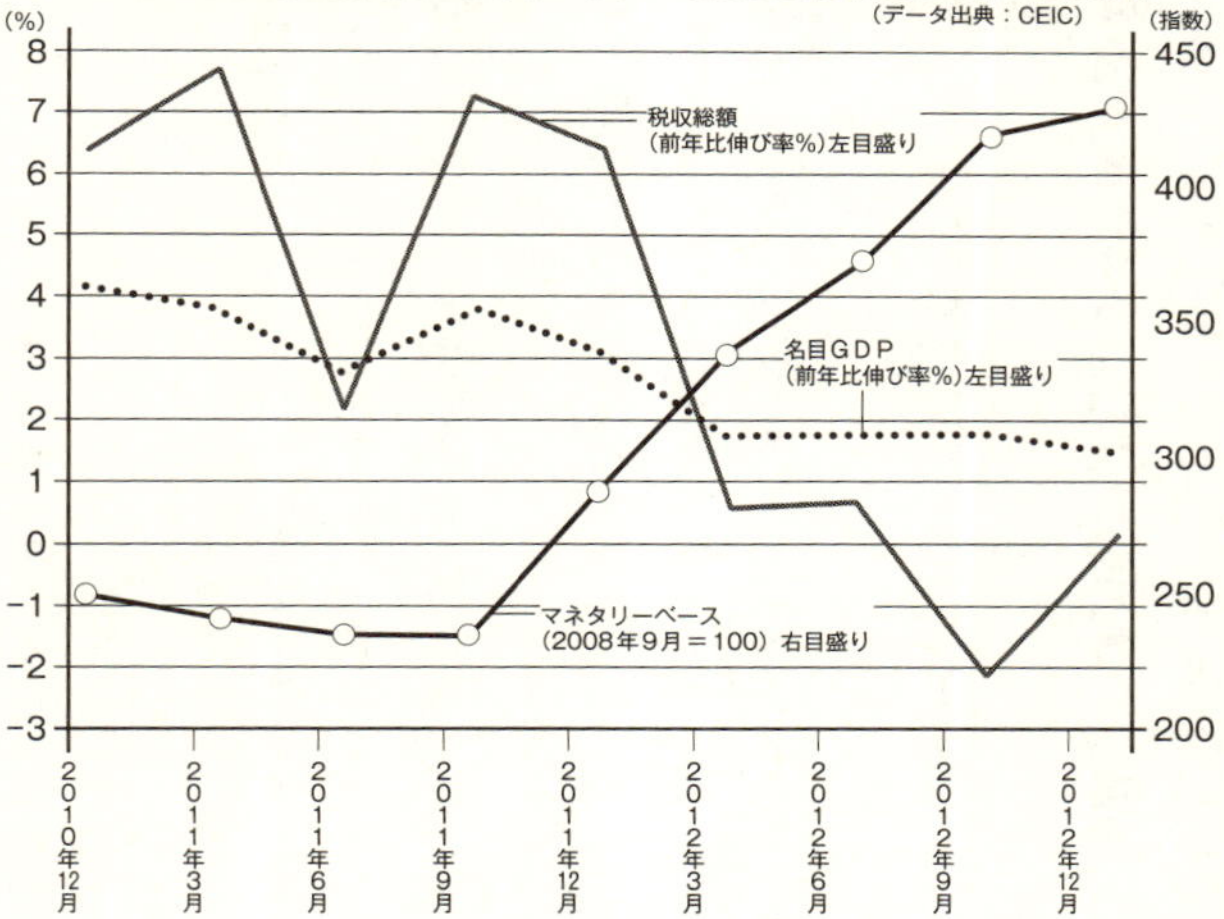

た。付加価値税の増税は、そんなイギリス経済に冷水を浴びせた格好になったのです（図２）。

消費税増税が景気に与えるマイナス効果

私は以前から世の中がデフレに向かっているときに行う消費増税は、デフレの進行を加速するだけでなく、経済を縮小させ若者や現役世代の所得を減らすばかりか、税収も減らすと主張してきました。これが正しいかどうかは、こうした日本とイギリスにおける消費税（付加価値税）の増税の際に起きた事象から容易に判断していただけると思います。

デフレ圧力が強いとき、つまり景気が悪

いときですが、消費税増税がさらに景気に悪影響を与える理由は実に簡単です。

消費税が増税されるとその分商品の値段は上がります。通常の値上げであれば多少販売数が減ることはあっても、値上げした分だけ企業の収益が増えます。そしてその増収分は企業が設備投資をしたり従業員や株主に還元したりするので、値上げによる景気へのマイナス効果はあまりありません。それに対して消費税増税の場合は、値上げ分はすべて税の支払いに充てられますから、販売数が落ち込めば確実に企業収益は減ります。収益が減った企業は、従業員のボーナスカットや賃下げなどのリストラを行わざるを得ません。その結果、勤労者の賃金はどんどん下がっていき、さらに景気も悪化していくのです。

15年続いたデフレからアベノミクスによってようやく立ち直ろうとしている日本経済に、消費増税が与えるマイナス効果は、計り知れないほど大きいと私は考えています。

3　安倍首相はなぜ増税を決断したのか

安倍首相もわからない消費税増税の破壊力

では、これほど日本経済にマイナス効果を大きく与える消費税増税を、アベノミクスの

「元締め」である安倍首相はなぜ決断したのでしょうか。

結論から言えば、脱デフレを唱える安倍首相ですらもデフレ下での消費税増税の破壊力のすごさを十分にわかっていなかったという点に尽きると思います。

たしかに2012年の9月にアベノミクスを掲げて自民党総裁に返り咲いた時点では、このまま財務省主導のデフレ路線に乗っかっていては日本経済に将来はないと安倍首相は考えていたはずです。ですから財務省の意向を丸呑みするような形で消費税増税への道筋を作った民主党の野田佳彦前政権とは違って、消費税増税のタイミングや、やり方についても財務省の言いなりにはならないぞという気持ちが強いことが私にも伝わってきました。

たとえば消費税増税の実施時期をアベノミクスの効果が明確になるまで1年とか2年延ばす。あるいは約束通り実施するとしても、まずは税率アップを1％にして毎年上げていくとか、いろいろな方法を安倍首相も考えていたわけです。

けれども安倍首相も政治家ですから、経済のことだけを考えているわけにはいきません。中国との緊張関係に象徴されるような安全保障の問題も安倍首相にとっては前向きに取り組みたい重要な政治課題です。2013年末に野党の反対などに目もくれず、「中央突破」で特定秘密保護法を成立させました。もし消費税増税の延期を決めたり、決断を先送りしていたら自民党内の求心力が低下し秘密保護法の成立が先延ばしになるなど、安倍政権の政治力が疑問視される状況が生まれたかもしれません。

重要な法案を巡って国会の審議が行き詰まったり、政権の責任を問われるような事態が現出して与野党内の政治情勢が流動化するような状態になることを「政局になる」と言いますが、まさに今回、安倍首相が行った消費税増税の決断はこうした政局を意識したものだったのです。つまり安全保障関係などの重要な法案をスムーズに成立させるため、あえて消費税増税を延期することはせず、財務省などと正面から衝突することを避けたのだと私は思います。

増税を決めたのは民主党

２０１３年の10月に安倍首相が最終的に消費税増税を決断した時点では、やむなしということで受け入れる声が多かったと思います。しかし、８月の終わりに消費税増税を巡る有識者会議があったのですが、あの時点で発表された新聞などの世論調査によると、予定通りの増税に賛成というのは20％以下くらい。また税率を引き下げたり、実施を延期したりすべきだというのが40％から50％。明確に消費税増税には反対だという意見が20％ぐらいありました。率先して消費税増税やむなしのキャンペーンを張っていた日経新聞の調査でも、消費税増税反対は17％ほどいることになっていました。こうした世論を受けて、安倍首相も9月の中旬までは税率アップを3％ではなく、2％でいこうと考えていたようです。ただそこには国会の説得という大きな問題がありました。首相には景気が回復していないと判断すれば、実施の延期または増税幅の縮小を国会に提起する権限がありましたが、そのためには新しく法案を作らなければならないという問題です。もちろん作っただけではだめで、これを国会で通さないといけない。それでは日程的にも間に合わないし、自民党の議員たちを説得している時間もない。で、そのままいくか、となったと聞いています。

では、なぜ与党、とくに自民党の議員たちが説得に応じないと安倍首相が考えたか。それは自民党議員の中に「消費税増税は財務省に踊らされた野田政権がやったこと。責任は野田佳彦にある」という考え方が根深くあったからです。そういう論理で消費税増税を認めてしまうのは国民に対して無責任だという気もしますが、政治家は時にこうした非常にドライな考え方をするものです。いまさら引っくり返してどうするんだということです。とくに、野田政権時代の民主党と自民党、公明党が消費税増税で合意したいわゆる「3党合意」では安倍首相が蚊帳の外に置かれていたということも影響しているでしょう。

経済対策や減税ではカバーできない

それはともかく、せっかくアベノミクスによって日本をデフレから脱却させる糸口を見い出した安倍首相が、政局と引き替えにアベノミクスの息の根を止めてしまいかねない消費税増税を自ら決断したのは皮肉なことでした。デフレ下での消費税増税の怖さを安倍首相でさえも正しく認識できなかったことは、本当に残念です。

もちろん安倍首相もこのタイミングで消費税増税を行うことが日本経済によい影響を与えると考えていたわけではないでしょう。だからこそ安倍首相は、消費増税は約束通りに踏み切るが、その代わり、アベノミクスの効果を損なわないように、他の政策を考えるという方向を模索しはじめたのです。それが5兆円の経済対策であったり、法人税の実効税率の引き下げとして打ち出されたのです。安倍首相とその周辺では2014年4月から消費税を8%に増税しても、これでナントカなるじゃないかと考えたわけです。

しかし、こうした施策で消費税増税が景気に及ぼすマイナスのインパクトが解消されるかというと、それは相当危ういというのが私の意見です。

消費者の財布が8兆円縮む

何しろ消費税増税は実施したその日から家計を直撃します。よく私は「消費税は買い物する度に消費者が払う罰金のようなもの」という言い方をしますが、増税になれば米を買っても野菜を買っても、その度に3%の増税分がのしかかってくるのです。当然消費者は買い控えをするわけで、それによって消費税増税後の1年で8兆円のマイナス効果があるという試算があります。

3%の消費税増税で消費者の財布が一気に8兆円縮んでしまうということです。それに対して新たな経済対策や法人税の減税が効果を上げ、家計の縮んだ財布が元に戻るまでには時間がかかります。その時間差が「命取り」になるのです。

たとえば法人税減税の狙いに関しては、まず一つは減税によって浮いたお金を社員の賃上げに回してくださいということです。そしてもう一つの狙いは国内への設備投資を促すことですが、その効果が出てそれが賃上げとして家計を潤すまでにはかなりの回り道があります。賃上げと言っても強制力はありませんから、どの企業が、いつから、どれくらいの規模で賃上げをはじめるかはわかりません。また賃上げと言ってもベースアップ、つまり基本給まで踏み込んで上げるのかというと、なかなか難しい面があります。ボーナスなら、かなり多くの企業ができるかもしれませんが。

増税分を上乗せできるのは大企業だけ

結局2014年の4月から賃上げを実施できるような企業は、ほんの一部、富士山で言えば頂上に位置するような大企業だけでしょう。しかもその大半はやはり円安効果で収益を伸ばしている輸出関連の大企業です。同じ大企業でも国内に市場の軸足があるような企業はなかなか難しいでしょう。中小企業になると円安による収益増の効果はほとんど期待できず、むしろ逆に、円安による原料の高騰によって収益を減らす効果の方が大きい。つまり消費税増税によって縮んだ消費者の財布は、どうやってもすぐには元に戻らないことがわかります。ごく素直に考えれば2014年の3月までは消費税増税前の駆け込み需要があって景気は少しだけ良くなるが、4月に消費税増税が実施されれば、ガクンと景気が悪くなるという結論になるのです。

また中小企業にとっては、もっと切羽詰まった問題があります。それは従業員の賃上げどころではなく、そもそも消費税増税分を価格に上乗せして本当にやっていけるのかという問題です。

図3　企業の輸出物価と輸入物価の動向

(データ出典：日本銀行)
(2005年平均＝100)

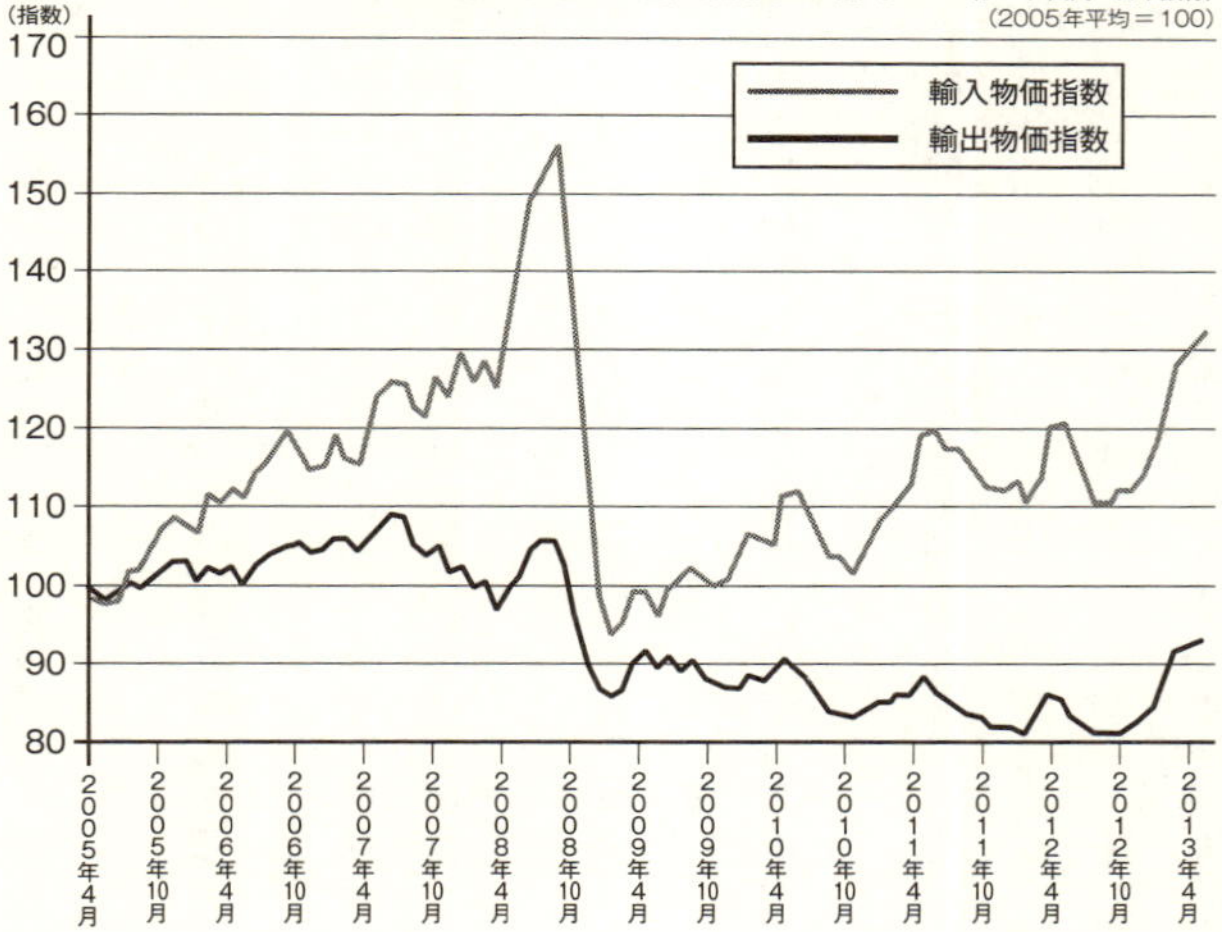

もちろん財務省は消費税増税分をきちんと価格に上乗せするよう強力に指導しており、1997年の消費税増税の際に大手スーパーなどが行った「消費税還元セール」はどんな形であっても認めないと言っています。

しかしいくら財務省がそう言っても、そもそも日本の中小企業の多くは大企業の下請けという立場ですから価格決定権を持っていません。ぎりぎりのコストカットを繰りかえしている現場で「消費税が3%上がったので納入価格を3%上げさせてもらいます」ということが本当に言えるのでしょうか。

そんなことを言えば、他の業者に仕事を

もっていかれてしまう。中小企業の経営者がそう考えるのは当然です。

原材料の値上げさえ転嫁できない中小企業

この問題を考える上で興味深いデータがあります。図3は企業の輸出物価価格と輸入物価価格の動向を2005年の平均を100として示したものです。ここで言いたいのは日本の企業は輸入する原材料の価格が上がってもそれを輸出品の価格にそのまま反映していないということです。

2005年から2012年にかけて円高にもかかわらず輸入物価は20%も上昇しましたが、輸出物価は逆に15%も下落しています。つまり輸入原材料の価格上昇によって本来上げるべき輸出品の価格を人件費のコストカット、下請けや部品メーカーからの調達コストカットで値下げしてきたのです。

これと同じことが消費税増税の際にも起きると私は確信しています。なぜなら製品の競争力を価格の引き下げによって確保しようというやり方は、この15年のデフレの中で日本の企業に染みついてしまっているからです。日本経済に蔓延しているこうしたデフレマインドは、たとえ増税であれ、製品の値上げを許さないと思うのです。

するとどうなるか。下請けである中小企業は納入先の大企業に消費税増税分の３％を上乗せして請求できないにもかかわらず、原材料の購入には増税分の３％を負担しなければならないことになります。つまり消費税増税分の３％は中小企業がコストカットによって吸収するほかないということです。

これでは中小企業で働く人びとの賃金アップなど夢のまた夢でしょう。

4　消費税増税は現役世代を狙い打ちするもの

2014年4月から景気は一気に落ち込む

２０１４年４月から消費税増税が実施されれば、いくら企業を対象に減税しても、需要が落ち込んでいくことは目に見えていますから、ごく一部の人びとを除いて勤労者の生活が苦しくなることは避けられません。

とくに需要の落ち込みは、消費税増税前のいわゆる駆け込み需要が大きかった業界ほど大きいでしょう。たとえば住宅業界では２０１３年の9月までに契約をすれば住宅の引き渡しや代金の一部の支払いが２０１４年４月以降になっても消費税が５％ですむことから、マンションのモデルルームが超満員の状態でした。その反動で10月以降は落ち込みが激しかったようです。

１９９７年の３％から５％への消費税増税の際も駆け込み需要の反動で落ち込みが出ました。政府は２０１４年４月以降の住宅ローン減税の拡充やすまい給付金の創設などの落ち込み回避策をつぎつぎと打ち出しています。また住宅アナリストは「１９９７年の増税の際の駆け込み需要のときほどの落ち込みはない」と需要の落ち込み予測の打ち消しにやっきですが、２０１４年の４月が来て賃金の上昇が見込めないことが明らかになるに従って住宅業界でも需要の落ち込みがはっきりしてくるのではないでしょうか。

先にも述べたように２０１４年春の賃上げは、ごく一部の大企業にとどまるはずです。また消費税だけでなく社会保険料も上がっていますから、勤労者の家計は負担だけが増える恰好です。どこからどう見ても消費が活発になる要素はないと言えます。

何のための消費税増税か

日本経済や国民生活にここまで大きな影響を与えることが心配される消費税増税。では、そもそも何のための増税なのでしょうか。

２０１４年４月の消費税増税が野田政権下の民主党、自民党、公明党の「３党合意」で決まったときのことを思い出してみてください。そのとき民主党が掲げていたのは「社会保障と税の一体改革」でした。

消費税増税分は日本人の超高齢化によって今後増えていくばかりの社会保障費の財源に充てる——つまり財政赤字の補塡などには使わず年金や医療、介護、少子化対策に限定する。それが消費税増税による社会保障と税の一体改革の中身でした。

こうした理屈は、後に述べるように財務省にとって都合がいいばかりでなく、政治家にとっても有権者に説明するとき非常に説得力があるわけです。

「みなさん、このままの制度では老後が心配じゃないですか」

「お子さんをお持ちの方で、働きたいのに保育園がいっぱいでお悩みの方はいませんか。われわれはちゃんと消費税増税で社会福祉関係に財源を確保するからご安心ください」

消費税増税によって予定通り年金も払うことができるし、医療も介護も財源を確保できるからご安心くださいと。つまり消費税増税によって社会保障の財源は確保した、これで将来にわたって心配はありませんよと政治家は言いたいわけです。

消費税は財政赤字を拡大する

しかし消費税増税によって社会保障財源が確保できるから安心だという理屈は、かなり怪しいと私は思います。私がまず問題だと思うのは、財務省の言うように消費税増税分を社会保障以外に使わないとしても、もくろみ通り社会保障制度を安定させられるかという肝心な点です。

消費税増税によってデフレ圧力が高まると、雇用の機会や生産が減り、社会保険料を負担する現役世代の所得が減ります。すると法人税収や所得税収が減り、消費税率アップに伴う消費税収の増加分を、法人税と所得税の収入減合計が上回りかねません。財政収支は悪化し、社会保障費の支払いが難しくなり、社会保障制度の維持が難しくなります。1997年度の消費税増税後に起きたことはまさにそれでした。

もう一つの問題は、日本の社会保障制度は今まで社会保険料を国民が負担する社会保険方式をとっており、これを消費税という税金を財源に改革するのには無理があるという点です。社会保険方式とは公的な年金制度を見ればよくわかるように、保険料を納めその負担額に応じて給付を受ける方式のことです。現役時代にたくさん保険料を納めた人は、それに応じてたくさんの給付を受け取れるというのが社会保険方式の原則です。これに対して社会保障の財源に税金を充てるのが税法式です。税法式では負担と給付の間にほとんど相関関係はありません。

消費税増税分は現役世代に還元されるのか

これからの日本の社会保障は、いったいどちらの方式をとるのでしょうか。この点が今回の消費税増税による「社会保障と税の一体改革」では明確になっていません。

「社会保障と税の一体改革」では、基礎年金の国庫負担2分の1を恒久化する財源に消費税増税分を充て公的年金制度の財政基盤を強化するほか、年金の受給資格期間の短縮、短時間労働者に対する厚生年金・健康保険の適用拡大、産休期間中の保険料免除、遺族基礎年金の父子家庭への支給などによって公的年金の最低機能強化を図るとしています。

しかし、社会保障につぎ込む税金が増えるにしたがって、社会保険方式なのにその不足分を税金で補填するやり方は、矛盾が拡大していくようです。

たとえば高額所得者の年金問題です。現在の日本の基礎年金のように税金が2分の1もつぎ込まれるようになると、高額所得者にまで低所得者と同じ水準の年金を支給するべきではないという議論も出てきます。

こうした議論を受けて今回の「社会保障と税の一体改革」では、低所得高齢者・障害者等に福祉的な給付を行うことを決めた一方で、高額所得者の年金額を減額することも検討されていました。しかし結局、高額所得者の年金減額は２０１３年末の国会では見送られてしまいました。

このように年金一つを見ても、いままで国民が支払った保険料と今後つぎ込む税金のバランスをどうとっていくかは非常に大きな問題です。現役世代が負担した分が将来、社会保障のサービスとしてきちんと返ってくるかのどうか。このまま制度的に曖昧な状態が続けば、国民の社会保障制度への信頼はゆらぎかねません。

消費税ほど取りやすい税金はない

このように「消費税増税分を社会保障財源にすればみんな安心」というレトリックは、聞こえはいいのですが、実際は多くの制度的な問題を抱えています。にもかかわらずこのレトリックが大手を振って闊歩《かっぽ》しているのは、財務省や政治家たちにとって都合がいいからにほかなりません。

財務省としては消費税増税を延期して景気を浮揚させ、税収を増やすなんてまどろっこしいことをするより、さっさと消費税増税をして安定的に税収を増やす方がいいというのが本音です。

そもそも消費税はフランスの財政担当者が考え出したもので、手軽に税収が上がる「税金の優等生」と言われています。お金持ちや企業からたくさん税金をとろうとすると、節税や脱税など払う側も抵抗するので手間がかかります。有権者や業界の反対を受けて政治家の多くも所得税や法人税の増税には反対します。それに比べてモノを買う度に支払う消費税は節税や脱税による課税逃れが難しい。消費税となると、「現役世代も年金世代も等しく負担する」という一見、もっともらしい理屈をつけられます。まさに「取りやすいところから取る」というのが財務省の本音なのです。

政治家も学者もマスコミも知らん顔

また政治家にとっても、社会保障を消費税増税分で充実させられるという理屈は有権者に説明しやすいですから、多くの政治家はあえて疑問をはさまない。細かいことを追及せず自分の将来に漠然と不安を感じている有権者たちには、「消費税増税さえすれば後は大丈夫」と説明すれば、いかにも社会保障を重視し、責任感の強い政治家のように振る舞えるのです。

ところで、本来はこうした消費税増税の持つ矛盾を追及し、理屈の通らない増税を行おうとしている財務省を批判していくのが、経済学者やエコノミストの役割です。しかし、その間違いをはっきりと指摘する経済学者やエコノミストは今の日本にはほとんどいません。逆に東大の経済学部の先生を中心にして、とにかく消費増税すればそのまま税収増になるし、それで財政再建ができるという一本調子で財務省を援護するばかりです。

こういう御用学者が財務省に都合のいいことばかり発表する。そしてマスコミはマスコミで無批判にテレビや新聞を使って、どんどん世間に広めていく。もちろんきちんとした経済学的な見地から「このタイミングでの消費税増税は実質的な税収増には結びつかない、むしろ税収を減らすんだ」と正しい意見を持っている学者もいますが、ほとんど取り上げられることがありません。あるとしても、中にはこんな意見もあります、で処理されてしまう。日経新聞などは消費増税推進論一色で、そういうまともな学者を露骨に無視する。こうしてメディアは「消費増税すれば世の中が良くなる」という根拠なき楽観論で埋め尽くされてしまうわけです。

失われた20年は運命なのか

今回の安倍首相による消費税増税の決断を考えると、ついギリシャ神話のオイディプス王の話と比べてしまいます。あの話は非常に有名で、おまえは必ず父親を殺すに違いないと予言者に言われた男が、図らずも父親を殺してしまうという話です。運命が何で生じるかを知らないまま、状況に身をまかせるまま過ごし、運命からは逃れられなくなる。日本の歌舞伎でも、親と子の宿命みたいなものをドラマに織り込むことがよくあります。しかし今本書で取り上げようとしている、日本経済の失われた15年とか20年とか言われているものの実体を分析していくと、実は「日本経済の運命」は変えられたのに、誰もきちんと問題の所在を突き止めて変えようとしなかったことが原因であることがわかってきます。しかも、変えるチャンスがあったにもかかわらず、それにほとんどの人が気づいていない。変えなくてもよい、周りに押されるまま増税の道を歩き続けても、災厄にはならないと信じてしまう。そこに大変な悲劇があると私は思います。

次章ではこの失われた20年の発端から説き起こし、なぜ日本経済が15年にもわたるデフレに陥ったのか、そしてその原因はどこにあるのか、そしてその責任はどこにあるのかを考えていきたいと思います。

第二章　失われた20年の正体

1　失われた「国家は成長するもの」という常識

若者が好景気を体験できなかったこの20年

「失われた15年」、あるいは「失われた20年」という言葉がこの本には繰り返し出てきます。１９９７年の消費税増税（3％を5％に）を境に日本経済は、今まで人類が経験したことのないような長い不況に陥りました。それから安倍首相が民主党から政権を奪い返し、アベノミクスによってようやく景気回復の糸口を見い出した２０１２年末までの15年間を「失われた15年」と呼んでもいいでしょう。あるいはバブルが崩壊した１９９０年代初頭から数えれば「失われた20年」ということになります。この間、現役世代は経済成長というものをまったく体験せずにきました。経済成長率は常にゼロかマイナスだったわけです。当然、日本の屋台骨を背負っている現役世代の所得はほとんど増えませんでした。増えなかったばかりか「リストラ＝解雇」とするような風潮の中で雇用の機会さえ奪われてきました。

こうした厳しい状況の中で現役世代は、どんどん増えるばかりの高齢者の世代を養い、その一方で次の世代を担う子どもたちを育んできました。

前章で私は「経済的に最も大きな負担を強いられる現役世代の所得を増やすには、日本の経済を成長させるしかない」と述べました。

しかし15年も20年も続く低成長によって、経済が成長するというのはどんなことなのかがしだいに忘れられていきました。平成になってから生まれた若い人たちは、生まれたときにはバブルが崩壊しており、高度成長はもちろん、一時的な好景気すら知らずに育ちました。若い人たちが「あたりまえだ」と思っていることは、ちょっと前までの日本ではけっしてあたりまえではありませんでした。

少しでも安いコンビニ弁当を求める若者たち

たとえば私のようなサラリーマンにとって、昼食は一日の仕事にメリハリをつける上で大切なイベントです。贅沢はできないものの今日はあそこのレストランのランチにしようとか、夜はとても高くて入れないような寿司屋にランチタイムに行ってみようとかいった楽しみがありました。

しかし今はどうでしょう。若い人たちは、少しでも安いランチや弁当を求めて右往左往し、コンビニエンス・ストアのおにぎりやサンドイッチが昼食の定番になってきています。

私のような世代から見ると「いや、あなたたちは一生懸命働いているんだから、もう少しお昼においしいものを食べてもいいんじゃないの」と思ってしまいますが、給料が上がる見込みはなく、バイトやパートの時給がどんどん切り下げられていく環境にあっては、切りつめられるものは何でも切りつめるというのがあたりまえの生活感覚、あるいは消費感覚なのでしょう。

経済成長というと難しく聞こえますが、経済が成長しているかどうかは、こうした生活感覚に如実に現れますし、こうした生活感覚＝消費感覚の変化が経済成長を促すこともあるのです。

成長しない会社は滅びる

この20年の間、日本経済は成長とは無縁でした。

その結果、若者世代や現役世代にやる気を失わせました。高齢者と子どもたち両方の面倒を見なければならない世代が最も割を食ってきたわけですから、社会全体の活力がなくなって、若い人たちや現役世代がやる気をなくすのも当然だと思います。

マイナス成長によって、企業の業績は横ばいならいい方で、どんどん悪化していく企業が多い状態が続きました。こんな状態では新しい人材を採用できない企業も少なくなく、若い人はいつまでも部下を持てず、責任あるポジションに就けません。

企業は生き物だとよく言われますが、それは生物の体を形作る細胞が日々新しいものに更新されていくように、企業もまた新しい人材によって新しいアイデアや感性がもたらされ、それによって成長していくからです。企業の成長には、こうした新しい人材による新陳代謝が必須です。逆に言えばこうした新陳代謝が行われない企業は成長しない。つまり滅びるということです。

もっと言えば企業に成長が不可欠なら、企業がよって立つ経済環境、つまり日本経済も成長が不可欠だということになります。日本経済全体がマイナス成長下にあるのに、企業だけが着実に成長することはありません。

若者を幸せにしないデフレマインド

もちろんどんな不況下にあっても急成長を遂げる企業はあります。ただ、今問題にしているのはマクロな視点から見た場合のことです。先に紹介した若者の消費感覚のようなものが変わっていくには、経済全体の成長がどちらの方向を向いているかが重要です。現在のように経済がどんどん縮小していくような状況では、国民の消費感覚は1円でも安いモノを求める方向に動きますし、なるべくモノは買わないという方向に強い力が働きます。これがデフレマインドと呼ばれるものです。

企業にとってのデフレマインドとは、少しでも利益が上がったらその利益は「内部留保」として残すという方向に働きます。設備投資をしたり利益を社員に賃上げやボーナスアップとして還元したりすることより、業績の悪化に備えようというわけです。

消費税増税は「失われた20年」の原因か

こうしたデフレマインドは、今や日本社会のいたるところに根を張っています。2011年の東日本大震災以後、こうしたデフレマインドはさらに強くなってきた気もします。とにかく、人件費の支出を抑え、内部留保を最優先するという力が企業に強く働けば働くほど現役世代にしわ寄せがいきますから、再三述べているように、現役世代は幸福にはなれません。

このあたりが私としては一番気になるところです。

では、こうした15年にもわたる低成長やデフレマインドの蔓延を時の政権や財務省（当時は大蔵省）、日本銀行などはどのように見てきたのでしょうか。

まず大事なことは、この15年にわたる日本経済の低迷、つまりデフレのきっかけが１９９７年の消費税増税にあったということを日本政府や財務省、日銀などは一度も認めていないということです。その上、東大などの高名な学者先生を使って１９９７年の消費税増税がデフレの原因ではなく、アジア通貨危機やそれに伴う金融システムの不安定化にあると主張しています。

少子高齢化が原因ではない

さらに政府や財務官僚、日銀などは、そもそも日本経済はもはや成長する必要がない、もう日本経済は成長できない構造になっているとさえ主張しています。だからデフレでいいじゃないかと言っているようにも聞こえます。

前の日銀総裁の白川氏もそういうふうに言っていました。日本経済が直面しているデフレは少子高齢化が原因だから、日銀が金融政策によってできることは非常に限られると。

こうした主張は一部のマスコミにも根強くあります。

少子高齢化だから成長しなくていい。低成長でいいんだ、あるいはマイナス成長でもしょうがないという主張です。今ある経済的な資源を活用して、それで暮らせれば、それなりに豊かな社会になるじゃないか、という考え方はたしかに一理あります。現在の1億の人口を100年かけて5000万人にするというのであればこういう理屈も成り立つでしょうし、日本経済の仕組みをこうした少子高齢化に対応した仕組みにシフトできるかもしれません。

しかし、だからといって、ここ20年の日本経済が低成長であったことを正当化する論拠にはなりません。この20年でそれほど日本の人口構成が変わったわけではないし、将来を考えても少子高齢化の進み方は中国より遅いとするデータもあるくらいです。

失われたのは成長に向かう経済哲学

結局のところ、この20年で失われたのは経済に対する基本的な理解ではないかと私は考えます。経済というのは成長するものだという哲学がなくなってしまったのです。経済が成長するから世の中が良くなるという基本的な考え方をどこかに置き忘れてきてしまった。朝日新聞の記事を読んでいるとその根底に「経済は成長しなくていい」という主張があるように思います。ゼロ成長でいいとか、脱成長とか、鴨長明ではないですが、みんな質素倹約で、慎ましく暮らせば、それでいいじゃないかというわけです。これは日本の経済をよく知らない知識人が陥りやすい考え方です。

朝日新聞だけでなく、日経新聞もいつのまにか経済成長の必要性を言わなくなってしまいました。

2　すべてはプラザ合意からはじまった

強いドルが裏目に出たアメリカ

では、日本政府や財務省の役人が「経済成長の哲学」をどこかに置き忘れてしまったのはなぜでしょうか。それを考えるにはバブル経済の発端となった1985年9月のプラザ合意まで遡る必要があります。

当時アメリカは「強いドル」を標榜《ひょうぼう》するレーガン政権がドル高政策を押し進めていました。このときレーガン大統領が展開した政策は「レーガノミクス」と称されました。アベノミクスはこのレーガノミクスを捩《もじ》ったものです。

レーガノミクスによる金融引き締めと高金利政策によって世界中のお金がアメリカに集

まり、アメリカの輸出と輸入のバランスは大きく崩れました。ドル高を追い風に世界中から工業製品がアメリカに流れ込みました。とくに円安を背景にした日本企業の対米輸出増は群を抜いていたのです。

その結果、アメリカの自動車産業やエレクトロニクス、とくに半導体、コンピュータという、アメリカの軍事、安全保障にも関わるようなハイテク部門が、ことごとく日本との競争に負けてしまう事態になってしまいました。そこで自動車産業を中心としたアメリカの在来型の産業界と、シリコンバレーなど西海岸に拠点を置くハイテク産業界が大変な危機感を抱いてレーガン政権にいろいろと働きかけるわけです。

とにかくこの時代の日本は、政府が補助金を出したり、業界に組合を作らせたりして国を挙げて研究開発を進め、どんどん競争力のある製品を生み出していました。だから「アメリカも日本のように政府が民間企業にてこ入れして何とか挽回しなきゃいけない」という声が、とくに西海岸のハイテク産業界を中心に高まってきたのです。

しかし当時のレーガン政権は「小さな政府」を標榜していました。政府が民間の経済活動に直接、補助金などで関与するのはまかりならんというわけです。これはもうレーガン大統領自身の哲学そのものですから、どうにもなりません。そこで知恵を出したのが西海岸のハイテク産業の経営者たちの中でも切れ者と言われたヒューレット・パッカードのジョン・ヤング会長でした。レーガンがだめなら、とにかくホワイトハウスの話のわかりそうな幹部に話を持っていこうということで、当時財務長官だったジェイムズ・ベイカーに白羽の矢を立てました。

「ドル危機の再来」という脅し

ジェイムズ・ベイカーはレーガン政権1期目では大統領首席補佐官をやり、2期目に入った1985年に財務長官になったところでした。彼は後に父ブッシュ（第41代米国大統領）の下で国務長官になります。そのベイカーが目をつけたのは為替レートでした。レーガンの「強いドル」政策によってドル高が行き過ぎたわけですから、このドル高を是正してやればいいと考えたのです。もちろんそれは簡単なことではありません。為替レートは市場の自由な取引に委ねられるべきであり、政府が介入することは道義的に許されないと考える人も少なくありません。また仮に介入したとしても思惑通りにドル高になるとは限りません。

しかし、ボスであるレーガン大統領は政府が日本のように民間企業に補助をするような行為を絶対に認めないことがわかっていたので、ベイカーにはこれに望みを託すしか方法がなかったのです。そこで日本をはじめドイツ、その他ヨーロッパ主要国を巻き込んで、強引にドル高是正合意に持っていったわけです。

もちろんこれはアメリカの本音の部分であって、正面からこんなことを言ったってどの国も動きません。ではどんな理屈でベイカーは各国の合意を取り付けたのでしょうか。ベイカーが持ち出したのは、1970年代末に世界が経験していた「ドル危機」による世界経済の混乱でした。国際経済の基軸通貨であるドルが乱高下すると、アメリカ以外の国も大きな影響を受けます。ベイカーに、このままドル高を放置するとドル危機が再燃するぞと言われたとき、各国の首脳や経済担当者が震え上がったとしても不思議はありません。

嬉々としてアメリカに従った大蔵省

こうして1985年9月22日、アメリカ・ニューヨークにあるプラザホテルで開かれた先進5カ国蔵相・中央銀行総裁会議、いわゆるG5で、為替レートの安定化に関する合意が発表されました。「プラザ合意」という呼称は、このプラザホテルに因《ちな》んだものです。

当日はベイカー米財務長官をはじめ、ナイジェル・ローソン英大蔵大臣、ゲルハルト・

シュトルテンベルク西独財務相、ピエール・ベレゴヴォワ仏経済・財政相など先進国の経済担当相が顔をそろえ、日本からも竹下登大蔵大臣が参加しました。会議自体はアメリカの筋書き通りに事前に合意されており、歴史的な会議という割にはごく短時間で終わりました。

合意の内容を一口で言えば1970年代末期のようなドル危機が再燃しないように先進国5カ国が為替市場に直接介入し協調的なドル安を図るということでした。しかし実際にはとくにアメリカの貿易赤字が顕著だった日本を念頭に、積極的に円高ドル安に誘導しようというものでした。

今から考えると不思議なのですが、この「円高ドル安」が何を日本にもたらすか、当時この会議に出席した竹下蔵相はじめ大蔵省の担当者たちも、あまり真剣に考えていなかった印象があります。日本経済の先行きを心配するより、世界経済の安定に積極的に貢献できることの喜びの方がよほど大きかったのでしょうか。

当時、私は日経新聞のワシントン特派員でしたから、プラザ合意の現場にもいました。とにかく当時の様子を言えば、大蔵大臣だった竹下登氏も大蔵省の担当者も非常に高揚した気分でこの会合に臨んでいたという印象でした。ただその高揚した気分の方向がいささか不安ではありました。

プラザホテルの記者会見場ではこんなことがありました。非常に小柄な竹下登氏の横に身長2メートルの大男、アメリカの連邦準備制度理事会（FRB）のポール・ボルカー議長が立って写真撮影が行われました。そこで竹下さんは自分の背が低いということを強調しようと、自分の頭のてっぺんに手を乗せた後、ボルカーの胸までしか背が届かないというポーズをとっておどけるわけです。それを見て私はアメリカの気に入るように振る舞うことがそんなに嬉しいのかと複雑な気持ちになったのを覚えています。そこまで卑屈にならなくてもいいのにとも思いました。あれでは日本がアメリカの属国と言われても仕方がないなというのが正直な感想でした。

アメリカと一定の距離を置いたドイツ

結論から言えば、プラザ合意で、日本は自国の利益よりアメリカの意向を尊重しました。自動車をはじめとする日本からの輸出品に一部のアメリカ市民が不快感を持っており、デトロイトの労働者が日本車を壊したりしたことがありましたが、プラザ合意によってそうした対日感情が少しでも緩和されれば、とでも思ったのでしょうか。まさに飛びつかんばかりに対米協調しようとしたのが当時の大蔵省でした。こうした場で動くのは大蔵省の国際局の官僚ですが、国際畑の大蔵官僚はあまり活躍の場がない。そこで、こういう国際的な、インターナショナルな協調とか通貨の話になると、まさしくこれは対米協調が必要だというわけで、全面的にアメリカの意向に添っていくような体制を組むわけです。

それに対して同じような立場にあったドイツ（当時は西ドイツ）は、どう反応したか。

ドイツは当時も自動車など日本と同じような品目を対米輸出して貿易黒字を積み上げていました。ドイツにとっても「ドル相場の不安定化」は避けたいわけで、ベイカーのような論法でこられたら拒否することはできません。しかし日本のように諸手を挙げて対米協調を進めるという対応ではありませんでした。これは後で出てくる「ルーブル合意」を巡る対応で鮮明になってきます。

プラザ合意に臨んだ日本側は、われわれメディアを含めて、これは歴史的な対米協調だと考えていました。ここまでアメリカに譲歩したのだから、これ以降は対米関係がうまくいくと信じていました。日本にとって圧倒的に不利なドル安円高を呑んだわけですから、1980年代の初頭以降、自動車や半導体を筆頭に問題になってきた日米貿易摩擦も解決に向かうと踏んでいました。

あまりに急な円高ドル安

ところがプラザ合意直後から進展した事態は日本側の思惑を超えたものでした。まず円高の進行があまりに急でした。プラザ合意の発表から24時間しかたっていない段階でドル／円レートは前日の２４０円台から一気に20円ほど下落し２１５円台に突入しました。後に伝えられたように当時日米で合意されていた円高水準は概ね10％前後、つまり２１０円から２１５円ということです。それが事実とすれば合意発表の翌日にはすでにその水準に達してしまったことになります。プラザ合意に参加した各国による為替市場への協調介入は１９８５年末には終わりますが、その後も円高ドル安は止まらず、１年足らずの間に１ドル１５０円にまで達してしまうのです。

思惑がはずれたのは、それだけではありません。

プラザ合意の直後、レーガン大統領が特別声明を出して日本製の半導体に制裁を加えると発表します。対米協調で貿易摩擦問題も一息つくと思っていた日本側には寝耳に水の強硬措置です。

日本側は１９７０年代に貿易摩擦として問題になった自動車輸出について、対米輸出自主規制をすでに１９８０年からはじめており、なるべくアメリカとの間に軋轢を生まないように努めてきました。その前には繊維製品の輸出の問題もあり、とにかく通商摩擦ではずっと譲歩を続けてきました。そして今度は特定の物品にとどまらず、通貨政策という一国経済の根幹ともいうべき政策でもアメリカに譲歩しました。にもかかわらずアメリカは通商法という武器をかざして日本に凄んでみせたのです。レーガン政権のこの対応を見て日本側は非常に大きなショックを受けました。

3　基軸通貨を持たない日本の悲劇

1ドルも使わず自国の産業を建て直したアメリカ

今から振り返ってみると、プラザ合意を軸に産業を建て直していったアメリカの手法は実に見事と言うほかありません。とにかくアメリカ政府は金を1ドルも使わないで自国の産業を建て直したわけです。これは、アメリカがドルという世界経済を動かす基軸通貨を手にしているからこそ可能な戦略なのです。

日本側は繊維、自動車、半導体など個別の産業分野について、貿易摩擦という問題が起こるたびにアメリカとの交渉では譲歩を重ねてきました。ただ、これはその産業分野独自の問題という側面もあり、ある意味ではやむを得ない部分もあったでしょう。

しかし通貨政策となるとそうはいきません。対米協調と言うと聞こえはいいですが、プラザ合意による行き過ぎた円高ドル安誘導を認めたことは日本政府にとって大きな過ちだったと思います。これについては当時、プラザ合意が世界経済の枠組みを維持するための崇高な決断であるかのように持ち上げたマスコミにも責任があり、私自身も大きな責任を感じています。それについては次章で詳しく触れることにします。

話を戻すと、プラザ合意によって結果的にではあれ、行き過ぎた円高を認めたことは、輸出に依存する自動車産業や半導体産業だけでなく、日本のマクロ経済全体に影響が及ぶ重要な問題でした。

とにかくプラザ合意前は1ドル240円くらいの水準だった円が1年足らずで150円になり、さらに120円になりという調子で、するするっと円高になっていきました。

この円高は日本経済全体をパニックに陥らせるぐらい強力なデフレ圧力となって襲いかかってきました。1ドル240円が120円になったということは、それまでの倍の値段で輸出しないと損失が出るということです。ではアメリカの市場で倍の値段で売れるかというとなかなか難しいのも事実です。では、どうするか。

デフレの泥沼に足を突っ込んだ日本

日本と同じようにマルク高になったドイツは、ドイツ工業製品の高性能を積極的にアピールし、マルク高になった分を価格に転嫁する方向を選びました。またドイツ国内で輸入品の価格を徹底して引き下げるよう産業界に求め、マルク高のメリットを最大限、国民に還元する姿勢を示しました。彼らにとってそれがごく自然な対応であり、為替レートの変動で生じた損失を、勤労者の賃金切り下げや部品メーカーへの納入価格切り下げ要請で補塡するという考え方は、そもそも生まれようがなかったのです。

それに対して日本のメーカーが選んだのは、日本国内での生産コストを下げる、あるいは国内での生産をやめて国外に生産拠点を移すという対応でした。これは当時の大蔵省がいくら弁解しようとも、アメリカがプラザ合意で仕組んだ超円高政策がもたらしたデフレ圧力に屈し、日本国民が生み出した富をアメリカに貢ぎ物として差し出すような行為でした。

もちろんそこには、プラザ合意以降の円高の進み方がマルク高より大きかったという事情もありました。

しかしこのときのアメリカ市場での対応の違いは、後になって日本とドイツの対米関係に大きな違いを生み出していくことになります。ドイツはこのときの経験を糧として基軸通貨の重要性を再認識し、欧州連合（EU）の統一通貨であるユーロの創設に向かっていくことになるのです。この後、ドイツをはじめとした欧州連合諸国は、ユーロという欧州の基軸通貨を持つことで世界経済の基軸通貨としてのドルの力をある程度、相対化することに成功したと言えます。

逆に日本は、これ以降、進行する円高に対してコスト削減や生産拠点の海外移転で対応することが常態化し、15年、20年と続くデフレの泥沼にはまり込んでいくことになるのです。

金融緩和圧力で米国債を買い支え

もちろん、日本政府もプラザ合意の内容とかけ離れた水準に達しても止まらない円高の進行と、それが原因で深刻化した輸出産業の不況を前に、アメリカ政府に窮状を訴えたことでしょう。

しかしアメリカから返ってくるのは「それほど苦しいのなら、金融緩和をしたらどうか」という一方的な強要でした。

金融緩和とは、中央銀行、つまり日本なら日本銀行が、お札を大量に発行したり、金利

（公定歩合など）を引き下げたりしてお金の動きが活発になるようにすることです。たとえば、このときのような円高不況の局面で日本が金融緩和を行うとどんなことが起きるでしょうか。日本国内にはお金がたくさん供給されますが、不況下では投資先が限られてきます。つまり金余りの状態になってきます。余ったお金は投資先を求めて国外に出ていきます。どこへいくかと言えばアメリカの金融市場です。そこで株を買ったりアメリカ国債を買ったりするわけです。これは円でドルを買ったのと同じですから、大量の「円売りドル買い」が行われたことになり、円／ドルの為替レートは円安に傾くという理屈です。

たしかにこの理屈は正しいのですが、この段階での日本の金融緩和という政策は、むしろアメリカにとって都合のいいものでした。プラザ合意以降の急激なドル安はアメリカ経済にさまざまな利益をもたらしました。けれども早晩行き過ぎたドル安が調整局面を迎えることは当然予想されます。その際にドル相場が不安定になり、再びドル危機に陥らないかというのがアメリカはもちろん世界経済にとっても最大の関心事でした。

つまり日本の金融緩和によって余った資金がアメリカの金融市場に流れ込み、アメリカ株やアメリカ国債を買い支えてくれれば、こうしたドル危機を回避することができるわけです。

ルーブル合意でもドル安は止まらない

日本政府はアメリカの思惑通り金融緩和に踏み切ります。

ところが円高はなかなか止まりません。しかもベイカー財務長官は機会をとらえては、まだドルは十分下がっていないと言い続けました。これはおそらくアメリカの産業界からの要求もあったでしょう。とにかく、ドルの対円相場にアメリカはまだまだ満足していないというサインを市場に向けて送り続けました。したがって日銀が多少の金融緩和をやっても、アメリカのドル引き下げ圧力はまだまだ強いと市場は見るわけで、円高状態が続いてしまうのです。

とはいえ先にも触れたようにアメリカとしても無制限にドル安を進めるわけにはいきません。ドル安が行き過ぎればアメリカ国債の価値が怪しくなってくるからです。

アメリカは対外債務国です。日本をはじめとした諸外国がアメリカ国債を買ってくれることによって外貨が流れ込み、そのお金でアメリカ経済が回っていくという構造です。もしアメリカ国債を誰も買わなくなったり、逆に大量に売り浴びせたりするようなことが起きたらアメリカ経済は破綻してしまいます。

プラザ合意から1年余りが過ぎた頃、ようやくドル安にストップをかけるべくアメリカの財務省や連邦準備制度理事会（FRB）あたりが動きはじめました。そして1987年2月、パリのルーブル宮殿に、先のプラザ合意時の先進5カ国（G5）にイタリアとカナダを加えた先進7カ国（G7）が集まり、これ以上ドル安が進まないように必要であれば参加国が協調介入するという合意に達しました。円については概ね140円から160円の水準を維持することで合意しました。さらにもう一つ。協調介入による過度のドル安の是正だけでは不十分だから、やはり金融面での政策も必要だということになりました。

当時、日本政府はすでに「円売りドル買い」によって独自にドル安円高に歯止めをかけようとしていましたし、先に触れたように、アメリカからの圧力で何度も利下げを行ってきました。そこにこのルーブル合意でさらなる低金利政策を求められることになったのです。

こうして1987年を境に、日本経済は「超金融緩和」の時代を迎えることになりました。このとき銀行をはじめとした日本の金融機関は、お金を借りてくれる人や企業を求めて狂奔しました。超低金利のお金が日本中にジャブジャブと余っていたわけですから、それを借りて当時値上がりしていた株や不動産に投資すれば、すぐに元がとれました。そして値上がりした株や不動産を担保に再びお金を借り、さらに株や不動産に投資する。こうして株や不動産がどんどん値上がりし、バブル経済が一気に膨らんでいったのです。

金利引き上げに転換したドイツ

　普通は過度の投機熱で株や不動産などが暴騰し、バブル経済の兆候が見えた場合、中央銀行、日本では日本銀行は金利を上げたりして金融の引き締め政策をとっていくものです。事実同じルーブル合意に参加したドイツ（西ドイツ）は、金融緩和策の継続ではなく金融引き締め、つまり高金利政策に転換していきます。

　このとき、日銀内部にも「金融引き締めに転換して、膨れ上がりつつあるバブル経済を手に負えなくなる前に潰しておこう」という議論はあったようです。しかし具体化しようとするたびに、アメリカ政府やアメリカ政府と手を組んだ日本の大蔵省から待ったをかけられ金融引き締め政策に転換できませんでした。

　先にも述べましたが、ドイツはプラザ合意の時点から日本のように全面的な対米協調路線ではありませんでした。ドイツは通貨政策はもちろん、金融政策もあくまで自国の利益のためにやるのだという明確な信念を持っていました。ですからマルク高ドル安という通貨政策はもちろん、金利を上げるかどうかも自国の利益に即して判断するという態度を鮮明にしてきたのです。もう十分アメリカの顔は立てたから、これからはドイツの利益を最優先すると。当時ドイツも日本のように低金利下でインフレが進んでおり、日本のようなバブルの危険も内包していました。このまま低金利を放置しておけばドイツ経済は不安定化する。というわけでドイツはルーブル合意を反故《ほご》にして利上げに動き出します。

ブラックマンデーで利上げの機会を逃す

ドイツの利上げへの方針転換が鮮明になるとアメリカのベイカー財務長官やボルカーFRB議長などがいっせいにドイツの利上げを非難します。とくにベイカー財務長官のトーンは厳しいものでした。そのためルーブル合意には、これに先立つプラザ合意のような求心力を期待できないことが明らかになったのです。アメリカとドイツの間に起きた利上げを巡るさざ波が次第に大きな波になっていくのを、金融市場や証券市場は注視していました。そして、ルーブル合意はドル相場を落ち着かせることはできないという観測が金融市場に広がっていきました。

このようにアメリカとドイツの足並みが乱れ、金融市場や証券市場が非常にざわついているときに起きたのが世界経済を震撼させたブラックマンデーでした。

1987年10月19日、週明けの月曜日にニューヨーク株式市場で大暴落が起きます。下落率は22・6％に達しました。この数字は世界恐慌の引き金となった1929年のブラックサーズデーの下落率12・8％を大幅に上回るものでした。

現在では、このブラックマンデーはコンピュータを駆使した最新の金融工学が原因の事故といった認識が一般的で、実体経済が大きな損失を被ることはなかったという話になっています。しかし当時は「すわ世界恐慌か」と全世界が色めき立ち、大騒ぎになりました。実は日銀はドイツの利上げへの政策転換を見て、それに追随しようと考えていたのですが、もしここで日本がドイツに追随して利上げを行ったら世界恐慌が起きるのではないかという恐怖にとらわれ、ついに利上げの機会を失ってしまうのです。

歴史に「もし」は禁句と言います。しかしあえて言わせてもらえば、もし日本政府がブラックマンデーにめげずにこの段階でドイツのように利上げに踏み切っていれば、この先20年にわたって続く泥沼のデフレに落ち込むようなことはなかったと私は思います。

利上げと総量規制でバブル潰し

結局日本が利上げ、つまり日銀による公定歩合引き上げで金融引き締めに転換できたのは2年後の1989年になってからでした。

この2年の遅れは決定的でした。利上げによってインフレを押さえ込み、バブル経済が膨らむのを防いだドイツとは対照的に、日本経済は超金融緩和で膨れ上がったマネーが行き場を失い、株式市場や不動産市場に殺到してバブル経済は破裂寸前でした。

ここまでバブル経済が大きく膨らんだ以上、破裂するのは避けられません。しかしなるべく日本経済が痛まないよう「軟着陸」させるのが、経済の舵取りをする政治家や官僚の責任であったはずです。にもかかわらずこのときのバブルの潰し方は、あまりに乱暴なものでした。

いわゆる「バブルの崩壊」を告げる象徴的な出来事としては、1989年12月に日銀総裁に就任した三重野康氏による公定歩合の度重なる引き上げと、1990年3月に当時の大蔵省銀行局長名で出された「土地関連融資の抑制について」という通達が挙げられます。

三重野氏は以前から日銀内で金利の引き上げを主張しており、総裁に就任すると前任の澄田総裁の低金利路線を転換し、1990年4月には金利（公定歩合）をプラザ合意の行われた1985年と同じ水準まで引き上げました。当時不動産の高騰で東京では「通勤時間片道2時間でも家が持てない」と庶民の不満が高まっていました。三重野総裁は、その風貌もあって正義の味方・バブル潰しの「平成の鬼平」の異名をとり、マスコミも「世直し」ぶりを賞賛したものでした。

一方、「土地関連融資の抑制について」という通達は、高騰し過ぎた不動産価格を抑えようと金融機関が不動産購入向けに貸し出すお金の量を規制しようとするものでした。金融機関が不動産購入向けに貸し出すお金の伸び率は、その金融機関の貸し出すお金の総量の伸び率を超えてはいけないとしたのです。これを総量規制と言います。

日銀も大蔵省も、いったんバブル潰しという方針を打ち出した後は、とにかく一本調子でバブル潰しに狂奔しはじめました。

ルーブル合意以降の2年の間、金融引き締めのタイミングを逃し続けたことで日銀内部に相当なフラストレーションが溜まっていたことも災いしました。ここで一挙にバブルを潰してやるという勢いでした。私も当時、日銀の幹部たちが「とにかくバブルはとことん潰してやる」と息巻いているのを実際に聞いています。

こうした日銀や大蔵省の官僚たちの乱暴なバブル潰しを政治家が止めるのかと思ったら、政治家は政治家でバブル潰しに狂奔していました。自民党の橋本龍太郎、宮澤喜一といった有力な面々がこぞってバブル潰しに動いていました。

4　アメリカ経済の安定最優先がデフレを生んだ

バブル潰しにやっきになった結果

バブル崩壊によって日本経済がどれほどの打撃を受けたかは次の数字からも明らかです。1990年まで5～6％あった経済成長率は、91年には2・2％、92年には1・1％、そして93年には1・0％減とついにマイナス成長を記録します。工業生産の落ち込みはもっと激しく91年には0・7％減とすでにマイナスになっています。当然企業の収益の落ち込みはさらに大きく91年は12・1％減、92年は26・5％減になっています。

こうして数字からもバブル経済が見る見るうちに崩壊していったことがわかります。

以後、日本経済は長いデフレのトンネルから抜け出せなくなるのです。その原因については、今までさまざまな考察がありました。

曰く「バブル潰しをやり過ぎて金融引き締めから緩和へ転換するのが遅れた」「自民党が分裂し連立政権が乱立したため、有効な経済政策が打ち出せなかった」「不良債権処理の先送りによる金融システムの不安定化」など。

たしかにこうした指摘はそれぞれ的を射ているのでしょうが、なぜデフレから日本が抜け出せないのかという根本のところに届いていない気がします。そして本書の大きなテーマの一つである、「なぜ日本は、経済は成長するものであるという哲学を忘れてしまったのか」という疑問の答えにもなっていないのです。

卑屈なまでの対米協調路線

では日本がバブル経済を生んでしまった本当の原因はどこにあるのでしょうか。

私は1945年の敗戦から続く卑屈なまでの対米協調路線にあると考えています。日本の政治家はもちろん官僚や新聞をはじめとしたメディアの中にも、アメリカに協調すれば何でもうまくいくんだという考え方が根強く広がっています。とにかくアメリカの機嫌を損なわないこと、良好な関係を保つことが日本の国益だという考え方が、戦後日本のDNAに組み込まれてしまっていると言っていいと思います。これまで見てきたプラザ合意からバブル崩壊に至るまでの経過にも、それは如実に現れています。

そもそも通貨政策は一国の経済全体の方向性を左右するものですから、いくらアメリカの機嫌を損ねたくないからといって、言いなりになっていいものではないことは先に述べました。ではなぜ対米交渉の最前線にいる財務官僚や政治家は、こんな簡単なことがわからないのでしょうか。

政治家というのは選挙の洗礼を受ける存在ですから、有権者に支持されている限りアメリカべったりの政治姿勢でも許されるかもしれません。しかし大蔵省や財務省の官僚は違います。彼らは国民への奉仕者として国益を最優先する立場にあります。東大法学部を出て大蔵省や財務省に入るような人たちに、それがわからないはずはないのです。なのになぜ国益を損なうようなことができるのか。こう考えると話はまた振り出しに戻ってきてしまいます。

「通貨マフィア」という歪んだ自負

大蔵省や現在の財務省の国際派官僚は、時として自らを「通貨マフィア」と誇らしげに言うことがあります。中には高い識見を持つ人材がいないわけではありませんが、多くの場合、私はその言葉を聞くと自分たちが国を超えて世界経済を牛耳っているのだという鼻持ちならない思い上がりを感じ、すごく嫌な気分になります。彼らは日本の利益だけでなくドルの安定を最優先することで世界経済の安定に貢献しているのだと思いたいのかもしれませんが、それは彼らの勝手な思い込みか自己弁護に過ぎません。これから詳しく述べていくように「ドルの安定によって得られる世界経済の安定」とは、結局のところアメリカの利益を最優先したアメリカ経済の安定、あるいはそれを口実にした財務官僚自身への利益誘導の手段でしかありません。

アメリカの財務担当者がにこやかな笑顔で日本の財務官僚を「通貨マフィア」の仲間として遇してくれるのは、アメリカに都合のいい政策を丸呑みしてくれる限りにおいてです。アメリカにとって都合の悪い政策を日本側が持ち出すと、アメリカの政府高官は恫喝《どうかつ》を含め、あらゆる手を使って潰しにかかります。それはアメリカにとっては国益を守るためですから、当然のことです。その当然のことを日本側が主張しないと世界から軽く見られますが、一方、抵抗するような日本人をアメリカは相手にしなくなります。日本側内部ではそうならないように、アメリカの受けの良い人物を「通貨マフィア」に選ぶのです。

日本国の公務員なら、日本の国益を最優先する義務があります。その意識が今の日本国財務省には欠けているのではないか、と私は疑います。

先にも触れましたが、同じようにプラザ合意でドル安マルク高を強いられたドイツは、最終的には自国の経済を最優先する方針を堅持し、バブルを回避。今も着実な経済成長を続けています。これが本来の主権国家のあるべき姿でしょう。

しかし、日本の財務官僚たちは常にアメリカの圧力に敏感というのか、アメリカの顔色をうかがってばかりいます。そういう姿勢がプラザ合意以降の大変な誤りを生む原因になったと言われても仕方がないでしょう。

プラザ合意からバブルの発生と崩壊、そしてその後の失われた20年の意味を考えると、これは経済的な問題ではなく、戦後の日米関係の問題だと言わざるを得ません。アメリカが日本にとってもっとも重要な同盟国で、安全保障上、日本にとって欠かせない存在であるとはいえ、経済政策や金融政策という重要なものは、自国のためにやるんだという原則は堅持すべきです。

こういうふうに言うと「日本は戦争でアメリカに負けたのだから仕方がない」と言う人が必ずいます。しかしこれは大きな誤りです。こういう人はドイツが日本と同じ第二次大戦の敗戦国であることを忘れています。ドイツも日本同様、国内に米軍が駐留しており、ソ連の崩壊によって１９８９年に冷戦が終了するまでは、その最前線にあったのです。

何も日本だけが特別アメリカに従属的にならざるを得ない立場にあるわけではないのです。

日本経済はアメリカのもう一つの財布か

プラザ合意以降、日本がアメリカの超金融緩和圧力に唯々諾々と従ったことは、その後の対米関係を決定的にしました。日本が超金融緩和を行い、国内で余ったお金でアメリカ国債を購入、ドルの安定に貢献するというこのときの日本の役回りは、現在まで延々と続いていきます。

こうした日本の役割を揶揄《やゆ》して「日本経済はアメリカのもう一つの財布じゃないか」と言う人もいます。アメリカの都合のいいように出し入れ可能なもう一つの財布が日本経済だというのです。

たとえば日本のバブル崩壊の直前、レーガン大統領の後に父ブッシュが政権をとりました。このとき、「日米構造協議」と称してアメリカは日本に対して内需拡大を要求します。しかもブッシュ大統領は当時の宇野首相や海部首相に直接電話し、公共投資を10年間で430兆円やれと具体的に要求しているのです。当時はまだバブル経済の余熱が残っている頃で、日本の企業がアメリカの不動産を買い漁っていた時期と重なります。日本がアメリカ国債を買い支えてくれるのはアメリカにとって好都合ですが、1989年の三菱地所によるニューヨークのロックフェラーセンター買収のように、日本の企業が円高をかさに着て、派手にアメリカの不動産を買い漁るのは困るというわけです。普通ならこういった行為に不快感を示すぐらいがせいぜいですが、アメリカは日本に公共投資をさせることで溢れた円を日本国内に封じ込めようとしたのです。

そもそも円が日本国内から溢れ投資先を求めてアメリカに殺到したのは、これまで見てきたようにプラザ合意でアメリカが仕組んだものでした。それが行き過ぎると今度は日本国内に投資先を作れと要求してくるわけです。一国の経済政策に他国の大統領が電話一本で介入するようなことが許されていいものでしょうか。

「失われた20年」はアメリカ経済再生のため

しかし実際には自民党の政治家、とくに金丸信とか、竹下登とか、いわゆる建設族の政治家がこれを喜んで受け入れていきます。

またこの日米構造協議には裏合意というのがあって、日本は何があってもアメリカの国債を買い支えるとあらためて合意しているのです。当時も今もアメリカが一番気になるのは、ドルの安定性です。ドルは世界経済の基軸通貨です。アメリカは欲しいものがあればドルを刷ってほしいだけ買える世界で唯一の国なのです。アメリカが覇権国でいられるのは、その強大な軍事力だけでなくドルを基軸通貨として守り抜くという周到な戦略を持っているからでもあります。

アメリカにとってドルを守ることは安全保障そのものです。アメリカにとって日本はドルの値打ちが下がらないように買い支えてくれる便利な存在であるわけです。

こうして見てくると日本の経済施策は自国の経済を良くするというより、アメリカの意向を汲《く》んでドルの安定化を図る方向に流れていくことがはっきりします。日本の経済は日本国民のためにあるのではなく、アメリカ経済のためにあると言い切った方がすっきりするとさえ言えます。

「失われた15年」や「失われた20年」は、けっして失われたわけではなくてドルの安定化を通じてやアメリカ経済の血や肉になっているのです。つまりアメリカ経済の再生のために使われたと言えるのです。

そう考えれば政治家や官僚の思考が常に対米協調に流れていくのも納得できます。

失われた経済政策の大原則

今回の消費税増税についても麻生財務大臣が「国際公約だから延期はできない」と言っ

たわけですが、消費税増税によって国民が再びデフレの泥沼に沈もうとしているときに、なぜ国際公約などを持ち出すかも納得できるというものです。

この場合の「国際公約」とは、日本は消費増税をして今後も国際金融市場にお金を供給しますよという約束のことです。もっと言えばアメリカ国債を買い続けますよということです。麻生大臣にとっても財務省にとっても、日本経済がデフレ状態である方が好ましいのです。デフレであれば日本国内ではお金が余って使われないわけですから、使われない金が国外に出ていきます。そしてそのお金がアメリカ国債などを安定させる大きな力になるというわけです。

こういうグローバルな枠組みに日本の対米協調路線が組み込まれている限り、日本の勤労者はいくら働いても報われない立場にあるというわけです。それが、ごく当たり前のように日本では受け止められていて、それに対して疑義を抱く経済学者も、官僚も、政治家も、メディアもほとんどいない。それがこの20年の間、ずっと続いてきたのです。

つまり「失われた」のは、自国民のために経済政策をやるという基本的な考え方であり、そういう政策を実施できる体制、あるいは価値観であると言ったらいいでしょうか。本来国家として持つべき原理原則が、国家を担うエリートや、政治家、あるいは世論をリードするメディアに欠けている。そのことが今の日本を不幸にしているのだと私は思います。

第三章　私が脱デフレを主張し続けた理由

1　バブルを読めなかった反省

図らずもアメリカのメッセンジャーになった私

前章で日本政府がプラザ合意以降、まるでアメリカ専用の現金支払機のようにアメリカ国債を買い支える立場に追い込まれていく顚末を紹介しました。紹介しながら改めて本来は日本の将来を担うあなた方若者や現役世代に還元されるべきだった「日本の富」がアメリカ経済を支えるために使われてしまったことに歯ぎしりするような悔しさを覚えました。若者や現役世代が低賃金や低福祉で苦しんでいる状況を「失われた20年」と呼んで他人事のように扱ってきた政治家や財務官僚、そして私も含めたメディアの責任をつくづく感じました。しかし私にはこうした道義的な意味での責任だけでなく、実はプラザ合意以降の事態について、もっと具体的な責任があったのです。

先にアメリカとドイツ（西ドイツ）がプラザ合意後に進み過ぎたドル安の処置を巡って対立した経緯を紹介しました。ドイツや日本も含めた先進7カ国は、いったんドル安に歯止めをかけることで決着する（ルーブル合意）のですが、最終的にドイツはアメリカの提案は内政干渉だとして合意内容の実行を拒否してしまいます。そして日本も日銀がアメリカから再三にわたって要請されてきた金融緩和を見直し、金融引き締め、つまり利上げの時期を検討しはじめる状況になったことは、すでに述べたとおりです。

困ったアメリカは日本の世論を味方につけ、ドイツはともかく日本の対米協調路線だけは、どうしても確保しなければならないと考えたのです。

そしてそのアメリカの意向を日本に伝える「メッセンジャー」としての役割を図らずも果たしたのが、当時日経新聞ワシントン特派員だった私なのです。邦人記者として私は米国人記者も入れない米連邦準備制度理事会（ＦＲＢ）やホワイトハウスと地下道でつながっている米財務省の奥の院まで入り込み、頻繁に政府高官と会っては彼らと意見交換し、世界のマーケットを揺るがすようなスクープを連発したのですから、まさに記者冥利に尽きる思いをしました。日本人として国益をどう考えるか、悩まないわけではなかったのですが、ライバル紙の記者にはない「特典」とスクープの魅力には勝てなかったのです。

ベイカー財務長官から聞いた合意の内容

ルーブル合意の中身は以下の二つでした。まず一つは合意時点の各国の為替相場を基準に上下数％の幅に収まるようにすること。つまりアメリカの都合によって固定相場制から変動相場制に移行した外為市場を、各国が為替市場に介入することで、もう一度固定相場制に近い形に戻すことでした。

そしてもう一つは各国、とくにドイツと日本の金利引き下げでした。先にも説明したように、たとえ各国の協調介入によってドル安が止まらなくても、日本とドイツがさらに金融緩和、つまり金利の引き下げに応じてくれれば、円やマルクがアメリカの国債や株式市場に再び流れ込み、国債や株を買い支えてくれますから、アメリカは一息つくことができるわけです。

もちろん当時こうしたルーブル合意の中身については厳しい箝口令《かんこうれい》が敷かれていました。私はベイカー財務長官や親しくしていた腹心の幹部から、各国が合意した為替水準の数字まで、詳細に教えられました。私はそれをもとにジャーナリストとしての功名心から日経新聞の一面にスクープ記事を書き続けました。もちろん私が教えられたのはアメリカにとって都合のいい事実だけでしたが、世界中で私しか知らない情報を、日本だけでなく世界に向けて発信することがワシントン特派員の使命だと単純に考えていたのです。

そのときはまさか私のスクープした記事が、結果的にではあれバブル経済に火をつけ、日本がバブル崩壊後の長いデフレの苦しみに陥るきっかけを作ろうとは夢にも思っていませんでした。

当時の私は、「通貨マフィア」などと称し自分たちが世界経済を支えているんだという歪んだ自負から、結果として日本の国民が稼ぎ出した富をアメリカに売り渡してしまった財務官僚と、それほど違いはなかったのです。

改めて経済学を学んだわけ

アメリカから日本に呼び戻された私は、自分が図らずも火をつけてしまったバブル経済が崩壊し、長いデフレ不況の中でもがき苦しむ様子を経済記者として取材し、記事を書いていきました。私が今プラザ合意以降の日本経済のあり方について政府、とくに財務官僚たちを批判できるようになったのは、広く経済学を学び直し、自分でデータを入手・分析し、自分の頭で世界経済の中での日本経済のあるべき姿を考えられるようになったからです。

私も含めて、経済記者だからといってすべて大学で経済学を徹底的に勉強したというわけではありません。私はたまたま経済学科の出身ですが、むしろ法学部や文学部出身の経済記者の方が多いくらいです。ですから経済記者といっても日々の取材の折りに断片的な経済知識を詰め込んでいるに過ぎず、広い経済学的知見や理論に精通しているわけではないのです。

その上、経済の動きを分析する際に必要な膨大な量のデータは、ほとんどすべて財務官僚が握っていますから、彼らは自分たちに都合のいいデータだけを寄せ集めて発表し、自分たちの作った政策がいかに正しいかを国民に宣伝しようとします。そのデータの背後にある意図や矛盾をつき、批判的に報道するのは並大抵のことではないのです。つまり私がワシントン特派員時代に陥った権力者のメッセンジャーと化す危険は、経済記者を常に待ちかまえています。

こうした危険は同じ新聞の中の政治部記者や社会部記者にもありますが、政治部であればいろいろな立場、考え方の政治家がいますから、立場の違う人びとの話を聞かなければ記事を作ることができません。また社会部であれば、さまざまな事件には当事者があり、意見や立場が錯綜するのが常であり、ある一つの見方や立場に偏った報道はそのまま自分たちの立場を危うくするものでもあるのです。

それに対して経済記事はニュースソースが財務省の官僚などが作ったデータであること

が多く、それを反証するデータがあるとしても、それ自体が官僚の手に握られていることも少なくないのです。もちろん最近ではインターネットによる情報の公開が進み、財務省に都合の悪いデータも基礎データとしては公開されるようになりました。しかし経済記者が日々の取材活動の中で、こうしたデータを見つけ出し、財務官僚による作文を批判的に報道する記事を書くことは、相変わらず簡単ではないのです。

敵を撃つには敵のデータで

私がワシントン特派員時代の反省を踏まえて自分の手でデータを集め、それを自分で学んだ経済学的な知見や理論で分析するようになったのは日経新聞の編集委員になってからのことでした。私だけではありませんが、記者時代は日々の発表ネタを読者にわかりやすくまとめたりするのに時間をとられ、なかなか自分の手で分析する余裕がなかったのです。

その結果見えてきたのは、日本政府の経済政策の矛盾を批判するには、政府の出したデータに語らせるのが一番ということでした。「敵」を撃つには「敵のデータで」というわけです。

本書の冒頭で私は勤労者世帯の平均月収が1997年から2011年までの15年間に

16％下がったのに、物価は５％も下がっていないことを明らかにしました。これは総務省が公表しているデータを加工したものです。

バブルの崩壊以降、低迷する日本経済とそれに伴う長いデフレを指して、大蔵省・財務省の官僚たちはもちろん、多くの経済学者もマスコミも「デフレになれば物価が下がるのだから生活はラクになる」と言い続けてきました。読者のみなさんの中にも、こうした言説を当然と思ってきた人が多いに違いありません。

しかし実際には物価の下落率より勤労者の所得の下落率の方が何倍も大きいのですから、働く人たちの生活がラクになるはずがありません。これは経済に詳しいとか詳しくないとかいった問題ではなく、それこそ小学生にでもわかる理屈です。もしデフレで勤労者の生活がラクになるとしたら、それは所得は下がらず物価だけが下落するようなケースです。もちろん今日本が苦しんでいるデフレは違います。

それにもかかわらず、日本のメディアにいるのはデフレを擁護し、私のように適度なインフレが望ましいと考える人間を非難する人たちばかりです。

なぜ、こんな馬鹿なことが許されるのでしょうか。私が日本経済の20年にわたるデフレ不況について真剣に考えはじめたのは、このあたりからでした。

2　それでもデフレを擁護する人たち

日本だけデフレなのはなぜか

敵を撃つには敵のデータでというわけで興味深いデータを図4にしてみました。

これは主要国の名目GDPの推移をバブル崩壊前夜の1991年から2011年まで追ってみたものです。

これを見れば小学生にだって日本だけが「異常」であることが手に取るようにわかります。中国はこの20年の間に21倍と、あまりにも大きな成長率だったため、グラフにすると、縦軸を調整してあります。ドイツやアメリカ、日本と同じ単位で表すと成長率が高過ぎて収まりきりません。中国ほどではないにしろ、ドイツは日本の1・7倍、アメリカは2・5倍の成長をとげていることがわかります。日本経済だけが地を這うような低空飛行、つまり慢性のデフレによる低成長を続けているのです。

また、どの国のグラフも2008年から9年の間に谷があります。これは2008年9月のいわゆる「リーマン・ショック」によってもたらされたものです。しかし日本以外の

図4　主要国の名目GDPの推移

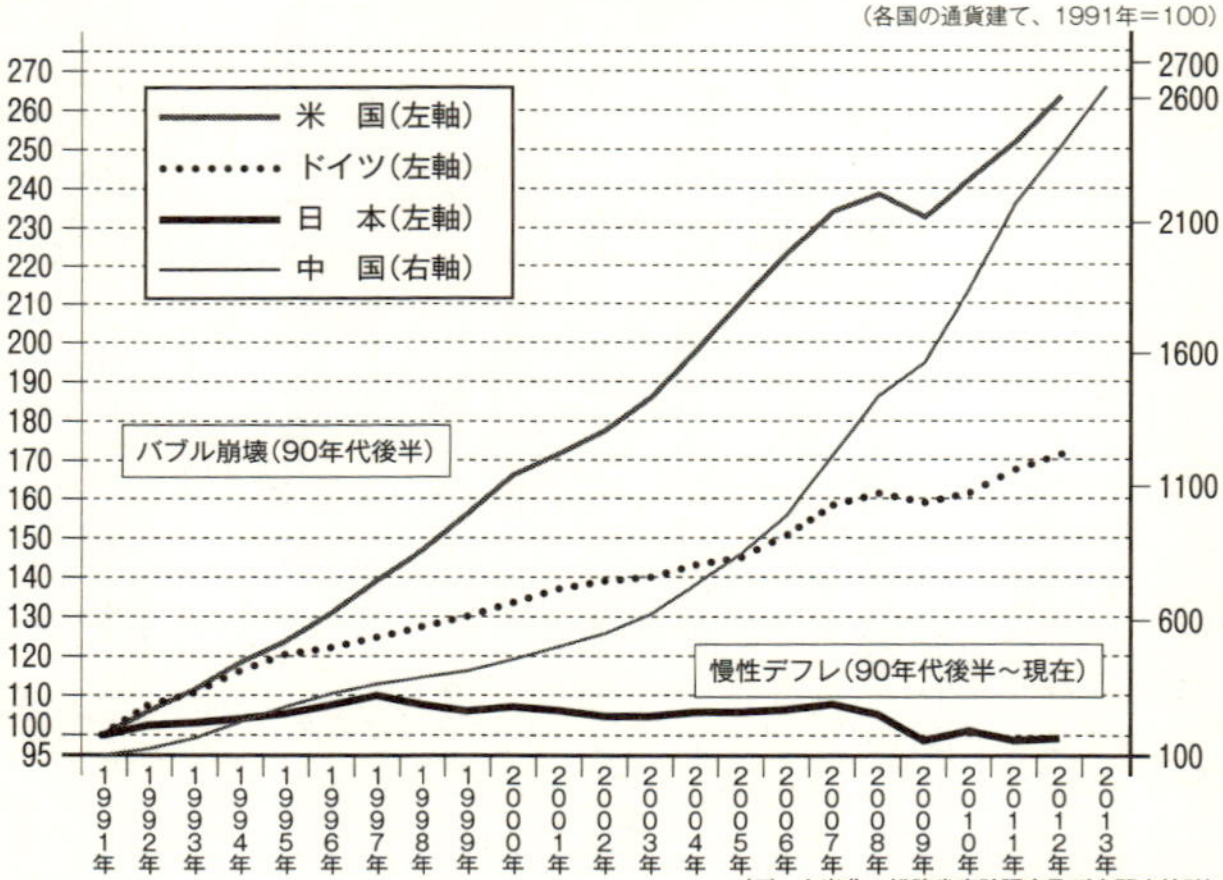

（データ出典：総務省家計調査及び内閣府統計）

国は、その後「V字回復」とはいかないまでも、右肩上がりに回復を示しています。

この表から言えることは4カ国のうち日本だけが誤った経済政策を採り続けてきたということです。

しかし財務省の官僚はもちろん、政治家も経済学者もマスコミも「向かう方向がおかしいのは日本の経済だけ」とは言いません。私のように「アメリカも、ドイツも着実に経済成長しているから日本も成長路線をとるべきだ」と言う人間は、アベノミクスが動き出して「異次元の金融緩和」が日本経済の着実な成長にとって有効な手段だと改めて認識されるようになるまで、ほとんどいなかったのです。

図5　　日米欧中の中央銀行によるお金の供給残高

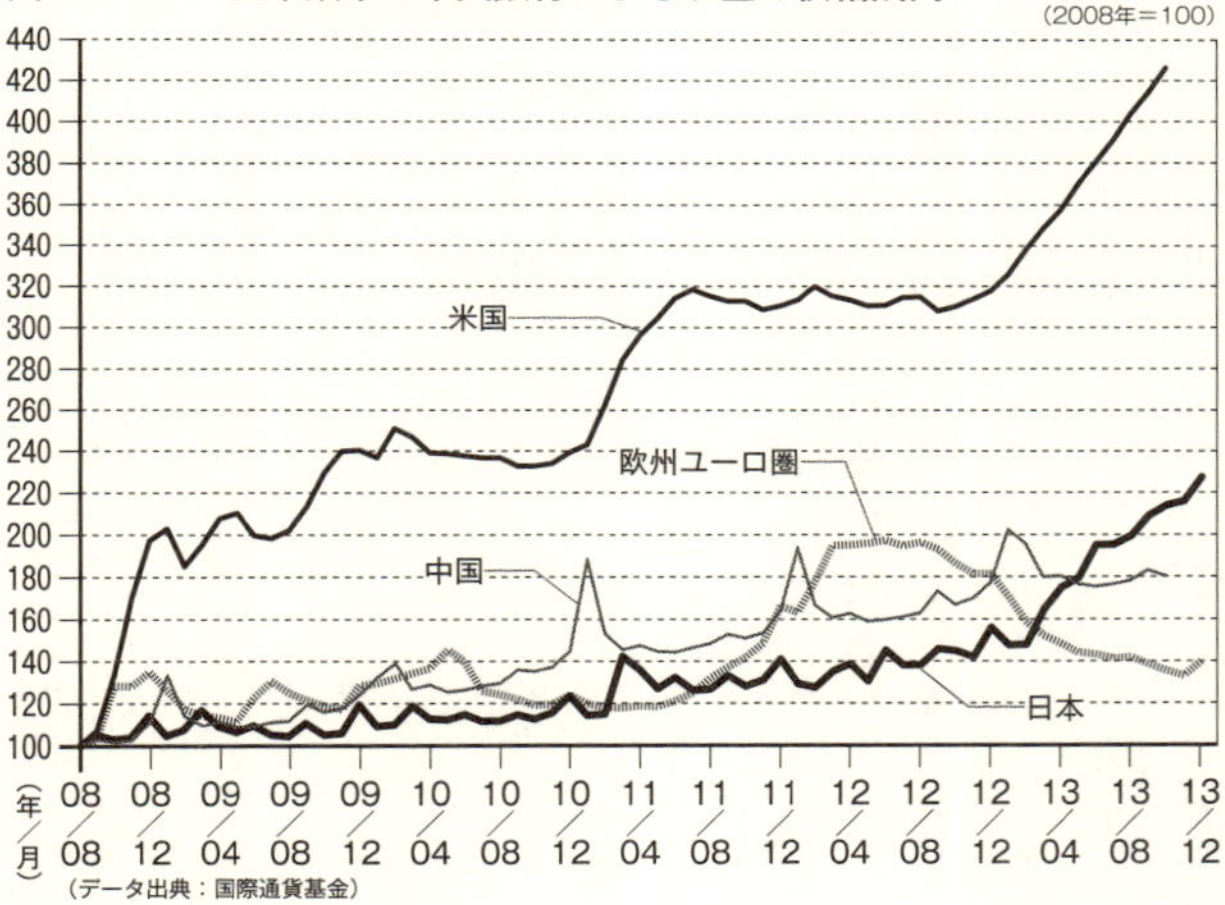

（データ出典：国際通貨基金）

金融緩和が不十分だった日本

もう一つおもしろいデータを紹介しましょう（図5）。このグラフは先ほど触れた2008年9月のリーマンショック後、アメリカ、中国、欧州ユーロ圏、そして日本の中央銀行が、それぞれどれくらいお金を刷って市場に供給したかを示したものです。

アメリカはリーマンショックの1年後には、すでに2倍の量のお金を刷っており、3年後には3倍に達しています。中国も欧州ユーロ圏もアメリカほどではないにしろリーマンショックの4年後には2倍近い量のお金を刷って市場に供給しているのです。

これを先ほどの図4と組み合わせて見ると、リーマンショック後、少しでも早くお金を刷る量を増やした国ほど早い時期で経済成長が回復しているということがわかります。

ここで言うお金とは現金として流通している紙幣や貨幣と金融機関が中央銀行、つまり日本では日銀の当座預金に預けているお金を合計したものです。これを専門用語ではベースマネーとかマネタリーベースと呼びます。

このマネタリーベースが拡大していれば、その国は金融緩和を実施しているとわかります。

つまり日本だけが経済成長の波に乗れず、延々とデフレの暗いトンネルの中を走り続けなくてはならなかったのは、過去において他国のように十分な金融緩和が行われてこなかったからだということがわかります。

エリートにとっては快適なデフレ

政府が公表しているデータをちょっと加工するだけで、金融緩和と経済成長との間に相関関係があることは誰でもわかるのに、なぜ日本はこのように長い間、デフレから抜け出せないのでしょうか。

読者のみなさんにはもうおわかりのように、これは日本の中にデフレの方が快適で、その快適さを手放したくないと考えている人たちがいて、その人たちがあの手この手で日本が再び成長路線をとることを妨害しているからなのです。

ではデフレを快適と感じるのは、どのような人びとでしょうか。

まずは高額の給料を保証されているエリート層です。

たとえば日銀の白川前総裁は総裁時代、テレビに出演したとき、デフレを実感したことがあるかと聞かれこう答えました。「レストランで食事をするときなど、これだけの内容のものが、これだけの値段で食べられるのかと驚くことがある」。日銀総裁の給料は首相よりも高く、もちろん景気とは無関係です。白川さんだけでなく官僚・公務員や大企業の正社員など、一般の水準を超える給与が保証されている人たちにとって、デフレとは今まで受けていたサービスがより安く受けられたり、高級品の値段が下がったりとメリットだけが感じられるものなのです。給料が保証されている彼らにとっては、物価だけが下がっていくわけで、いつまでもデフレが続いてほしいと思っても不思議はありません。

富裕層でも感じ方は異なる

デフレを快適と感じるもう一つの階層は、いわゆる富裕層、つまり多くの資産を持っており、日々の生活費にはまったく心配がないという人たちです。中でも資産を預貯金で多く持っている富裕層にとってデフレは快適そのものです。なぜならデフレ下ではお金は使わないで貯めておいた方が価値が上がるからです。ただ資産として不動産や株式に重きを置いている富裕層は、少し感じ方が違うかもしれません。

まずは不動産。これはバブル崩壊直後から一気に値崩れしていきましたが、その後はほぼ横ばいと言ってよく、勤労者の所得の下落率ほど高くはありません。不動産を資産として持つ富裕層の中には、バブルで「やけど」を経験した人も少なくないため、現在のデフレによる不動産価格の落ち着きは、概ね歓迎されているようです。しかし不動産取引は基本的にインフレ傾向のときの方が活発であり、資産価値も上昇することから、潜在的にはインフレを望む傾向にあると言えるでしょう。

では株式はどうでしょうか。後で触れるように株価の動きは複雑で80年代後半のバブル期ほどではないものの、この20年のデフレ期に何度か上下を繰り返しています。その原因の多くはアメリカ株や為替レートの影響に求められるため、資産価値という側面から日本株を見た場合、そこに直接のデフレの影は見い出しにくいと考えられます。しかし長期的に見た場合、経済全体がデフレに向かっている限り、株価の大きな上昇は望めませんから不動産同様、株式によって資産を運用しようとしている富裕層にとっては、けっしてデフレは諸手を挙げて歓迎されるものではないことがわかります。

年金生活者はデフレを大歓迎

デフレによってモノやサービスがどんどん安く提供されるというメリットを最大限に享受しているのは、年金生活者でしょう。とくに、いわゆる団塊の世代より前の高齢者は、ほぼ現役のときに約束された金額の年金を受け取っています。最近では年金の受給が見直されたりしていますが、現役世代のように突然、会社が倒産したり解雇されたりして、明日から収入の手段を絶たれる心配はありません。たとえ受給額が減ったとしても、デフレで物価が下がっていけば年金受給者にとっては受給額が増えたのと同じことになります。

逆に物価が上がれば、実質的に年金受給額が減ったことになりますから、インフレは年金生活者を直撃することになります。日本経済が高いインフレ率を記録していた高度成長期やバブルの頃は、何かというと年金生活者の「これだけ物価が上がっては、生活していけない」というコメントが新聞やテレビで伝えられたものでした。

たしかに最近では、こうしたコメントは影を潜めていましたが、アベノミクスが動き出して以降、インフレを牽制する意味からか再び年金生活者がテレビのニュースに引っ張り出されているのを目にします。

3　最大のデフレ擁護論者・財務省のここがおかしい

バブルは強欲な民間企業が起こしたのか

そもそも20年も続くデフレの原因を作ったのは誰でしょうか。

ここまで本書を読んでいただけばわかると思いますが、この20年のデフレの原因はあまりにも乱暴なバブル経済潰しによる実体経済の過度の収縮と、その後の経済政策の失敗にありました。そしてその責任の多くが、日本経済の舵取り役を自認してきた財務官僚にあることもまた明らかです。

しかしバブル経済のピークからすでに20年以上が過ぎ、バブル経済自体が「伝説」として語られるようになると、いつのまにか「バブル」は一部の強欲な民間企業が不動産を買い漁ったあげく自業自得で滅んでいった「物語」として片付けられようとしています。

先にも述べたように当時日銀総裁として「バブル潰し」の最前線に立った三重野康氏を、

マスコミは「平成の鬼平」と賞賛する一方、バブル経済の立役者だった企業や個人を徹底的に叩きました。それは当時の大蔵省や日銀がアメリカの言いなりになって超金融緩和を長引かせなければ、バブルはあれほど膨らまなかったであろうことを忘れたかのような一方的なバッシングでした。政治家も財務官僚もマスコミも、自分たちが犯した致命的なミスを隠蔽するために、スケープゴートを仕立て上げ、彼らを徹底的に叩くことで国民の目をごまかそうとしたのです。その結果、バブル期に溜まりに溜まっていた国民の不満は一気に燃え上がり、「物価の上昇」「インフレ」といった言葉を禁忌とするような雰囲気が生み出されていきました。

このとき財務官僚がするべきだったのは、こうした雰囲気をいいことに自分たちの保身を図ることではなく、バブルの崩壊による実体経済への影響をできるだけ減らすことでした。具体的には、膨れ上がったバブル経済をハードランディングからソフトランディングへ切り替えることこそが求められていたのです。そのためには、何よりもまず金融の緩和が必要でした。

急激に引き上げられた金利を元に戻しお金の流通量を増やすことで、凍り付いてしまった金融機関による融資を正常な状態に近付けていくことが必要だったのです。さらにはバブルの崩壊によって大量の不良債権を抱えてしまった金融機関に対して、その処理を促し、必要であれば公的資金の注入や国有化も視野に入れた救済策を提起することも必要でした。

財務省がデフレを擁護する本当の理由

しかし当時の財務官僚がやったことは、まったく逆でした。必要以上の金融引き締めを続けて企業の身動きがとれないようにし、しかも早急に手を打つべきだった金融機関の不良債権問題を先送りしたのです。

その結果、日本経済はバブル前の水準を超えて収縮を続け、バブルを生き残った企業も設備投資などの意欲を完全に失いました。そして業績の悪化分を人件費や下請けへの発注分に転嫁し、少しでも儲けがあれば内部に留保するというデフレ下の日本企業の悪しき行動パターンが定着してしまったのです。

すべてはプラザ合意にはじまる、自らの失敗を認めたくないという財務官僚の無責任さに原因があると言ったら言い過ぎでしょうか。

ドルを守るために必死のアメリカが押し付けたプラザ合意を、唯々諾々と受け入れた政治家や、アメリカの意に従うことがあたかも日本の国益に沿うかのように報道したマスコミにも責任はあります。

政治家の中には、死後も何かというとその責任を問われ続けている橋本龍太郎氏のような人もいます。また私は当時の自分への反省から、少しでも多くの人にデフレの怖さを訴えようとしています。

それに引き替え財務官僚たちは、その匿名性をいいことに自分たちの失敗の責任を一切認めず、いまだに「デフレは間違っていない」と言い続けているのです。

日本国債の暴落という脅し

財務官僚をはじめとしたデフレ擁護論者の最大の拠り所は、日本経済がデフレからインフレになると、国の赤字財政を支えている日本国債が暴落し、日本の財政が破綻するというものです。

私がこんなふうに言うと「あまりに乱暴な言い方だ。田村は何もわかっていない」という声が聞こえてきそうです。たしかに話はそんなに簡単ではありませんが、本書で再三触れているように、財務官僚が経済学者やマスコミを巻き込んで振りまいている経済成長へのネガティブ・キャンペーンも同じくらい粗雑です。

たとえば朝日新聞は「国の借金　新たな安全神話に陥るな」という社説（2013年3月25日付）でインフレ目標を2％としたアベノミクスを取り上げ、物価の上昇が金利の上昇を招くため国債の暴落がないと高をくくるべきではないと結論付けています。

内容を追っていくと前半部分は日露戦争における戦費調達のために起債した、当時の政治家を引き合いに出して、彼らは「金欠病でも返済には真面目だった。信用を失えば（戦費を）調達できなくなり、国が滅びるからだ」と、赤字国債を垂れ流して平気な現代の政治家に警鐘を鳴らしています。それはそれで昔はそういうことがあったと聞いておいてもいいでしょう。たしかにこの社説でも指摘しているように日本国債の残高は2014年の3月末、つまり消費税増税が行われる直前に750兆円になります。これは日本の国内総生産（GDP）の1・5倍にあたり、一般会計の税収に換算すると17年分にあたります。こうした財政赤字を少しでも減らすことに私も反対はしません。

家計と国家財政は別物

しかし、これに続く「積み上がった借金は、金利の上昇によって、財政や国家運営を破壊しかねない」以下の後半部分は、およそ経済学的な知見からはほど遠い粗雑な見解と言わざるを得ません。「アベノミクスの光の部分を強調する議論は、金利上昇のリスクを甘く見ているか、忘れている」という部分に至っては、デフレ下の金利高や円高が国民の生活に与えてきたマイナス効果をそれこそ「甘く見ているか、忘れている」としか思えません。日露戦争当時の戦費調達国債と現代の日本国債を同列に扱う議論には悪意さえ感じます。

この社説でも認めているように、現代の日本国債の海外保有者は全体の6％に過ぎません。日本国債は、ほぼすべて日本の金融機関か企業、そして個人が引き受けているのです。一般的に言って国債の暴落とは、ある国に信用不安が起きたとき、それを回避しようとして保有している同国の国債を売り抜けようとする動きが加速されることによって起きると言われています。最近ではギリシャの経済危機でこうした動きがありました。しかし日本国債の場合は、今も触れたようにほとんどが日本人によって保有されているわけですから、「売り抜ける」ことは自分の首を絞めるのと同じです。

何よりも日本の投資家はこれまで再三触れてきたように米国債ですら律儀に買い支えてきたではありませんか。その日本人がなぜ母国の国債を投げ売りするようなことをすると考えるのでしょうか。

たしかに庶民の家計にあてはめて考えると、家計が苦しくてもなるべく借金はしない方がいいのは当然でしょう。しかしその感覚を国家の財政にそのままあてはめて考えるのは危険です。それこそ財務官僚たちの思うつぼだからです。

日本は世界最大の債権国

そもそも日本は世界最大の債権国、つまりお金の貸し手です。

財務省のデータによれば2012年末で約660兆円のお金を貸していることとなります。ただしこれは貸している額だけの合計です。もちろん日本も外国からお金を借りていますから、それを差し引くと2012年末で約300兆円になります。これが対外純資産と呼ばれるもので、詳しく言うと政府や日本企業、個人投資家が海外に持っている資産から負債を差し引いたものです。この対外純資産は前年末に比べて11・6%増えており、2009年末の約270兆円を上回って、過去最大となりました。

日本が世界一の債権国となったのは1991年ですが、それ以降22年連続で世界一の座を守ってきたことになります。因みに2位は中国で対外純資産約150兆円、3位はドイツで同約122兆円です。

このように日本は国債を発行して借金を重ねていますが、対外的にはいわゆる財政赤字の半分ぐらいのお金を貸している立場でもあるのです。借金のことばかり言い立てて貸しているお金のことを無視するのはいかがなものでしょうか。

4　日本経済が成長すれば国の借金は減らせる

日本の財政赤字は本当に最悪か

財務官僚をはじめ学者やマスコミは財政赤字を解消するには増税しかないと言っていますが、本当にそうでしょうか。私はそうは思っていません。

先にも触れたように日本国債の残高は２０１４年の３月末で７５０兆円になります。これは日本の国内総生産（ＧＤＰ）の１・５倍にあたり、一般会計の税収に換算すると17年分にあたります。たしかにこれは大変な数字です。

しかし一口で「国の借金」と言いますが、これにはいろいろな計算の仕方があります。今挙げた国債の残高で計るのもその一つです。よく日本の財政赤字は他の先進国に比べて最悪の水準にあると言われます。次の２つのグラフ（図６、図７）は各国の債務残高を比較したものです。

これらは財務省がホームページで公表しているもので、元のデータはＯＥＣＤの統計です。上の図は「総債務」と呼ばれるものですが、ここから各国政府の持っている金融資産を引いたものが下の図で、これを「純債務」と言います。財務省のホームページではこの２つの図を使って日本の財政事情をこんなふうにまとめています。

「債務残高の対ＧＤＰ比を見ると、90年代後半に財政の健全化を着実に進めた主要先進国と比較して、日本は急速に悪化しており、最悪の水準となっています」「わが国は、純債務で見ても、債務残高の対ＧＤＰ比が主要先進国でひときわ厳しい水準となっています」。

たしかに上の図だけを見ると、日本、アメリカ、ドイツ、イギリス、フランス、イタリア、カナダの中でＧＤＰ比の債務残高は日本がダントツの1位であることがわかります。

最新の資料では総債務は２００％を超え、純債務でもイタリアを抜いて１５０％に迫ろうとする勢いです。金額で見ると２０１３年の夏に日本の借金はついに１０００兆円を超えて国民一人あたり８００万円の借金を抱える計算になると報道されました。２０１４年度末にはこれが１１４３兆円、国民一人あたり９００万円の借金になる見通しです。

図６　政府総債務残高の国際比較（対ＧＤＰ比）

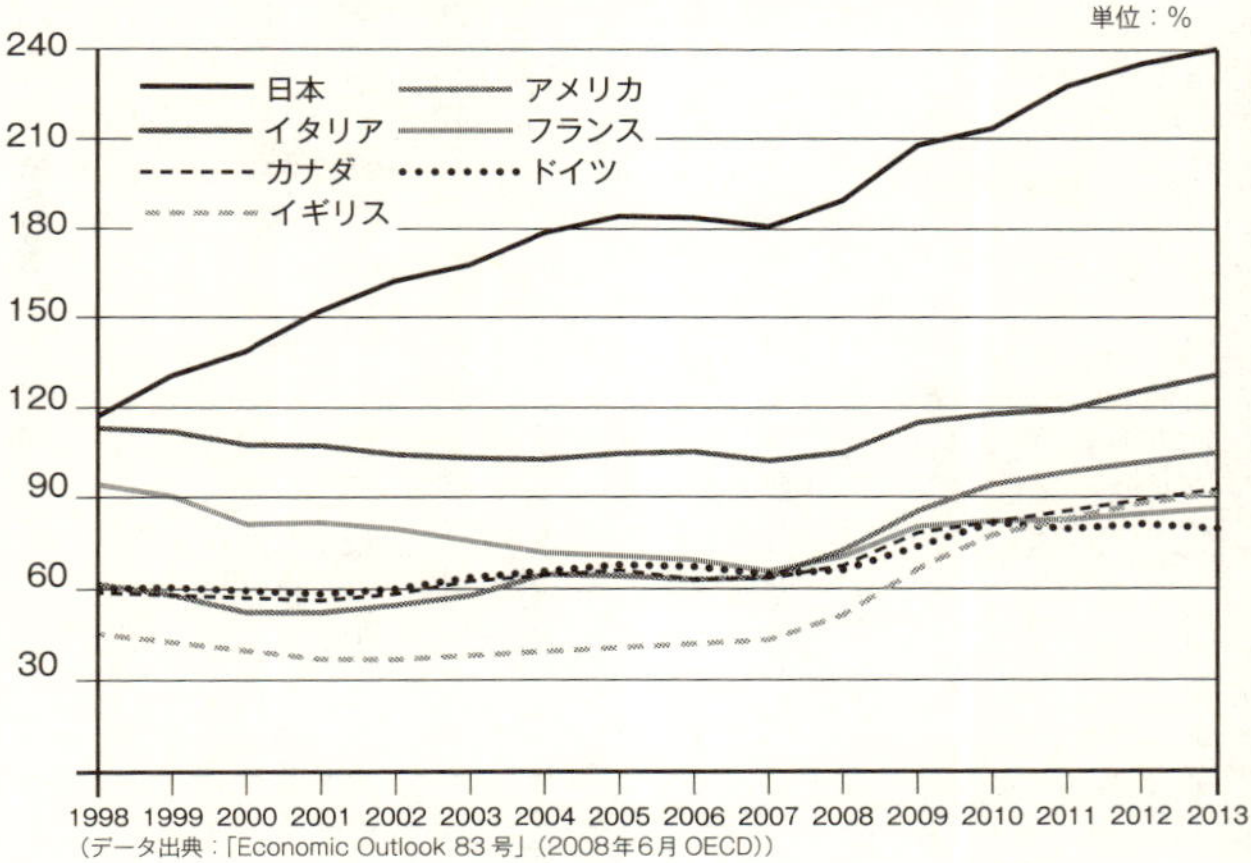

（データ出典：「Economic Outlook 83 号」（2008年6月 OECD））

図７　政府純債務残高の国際比較（対ＧＤＰ比）

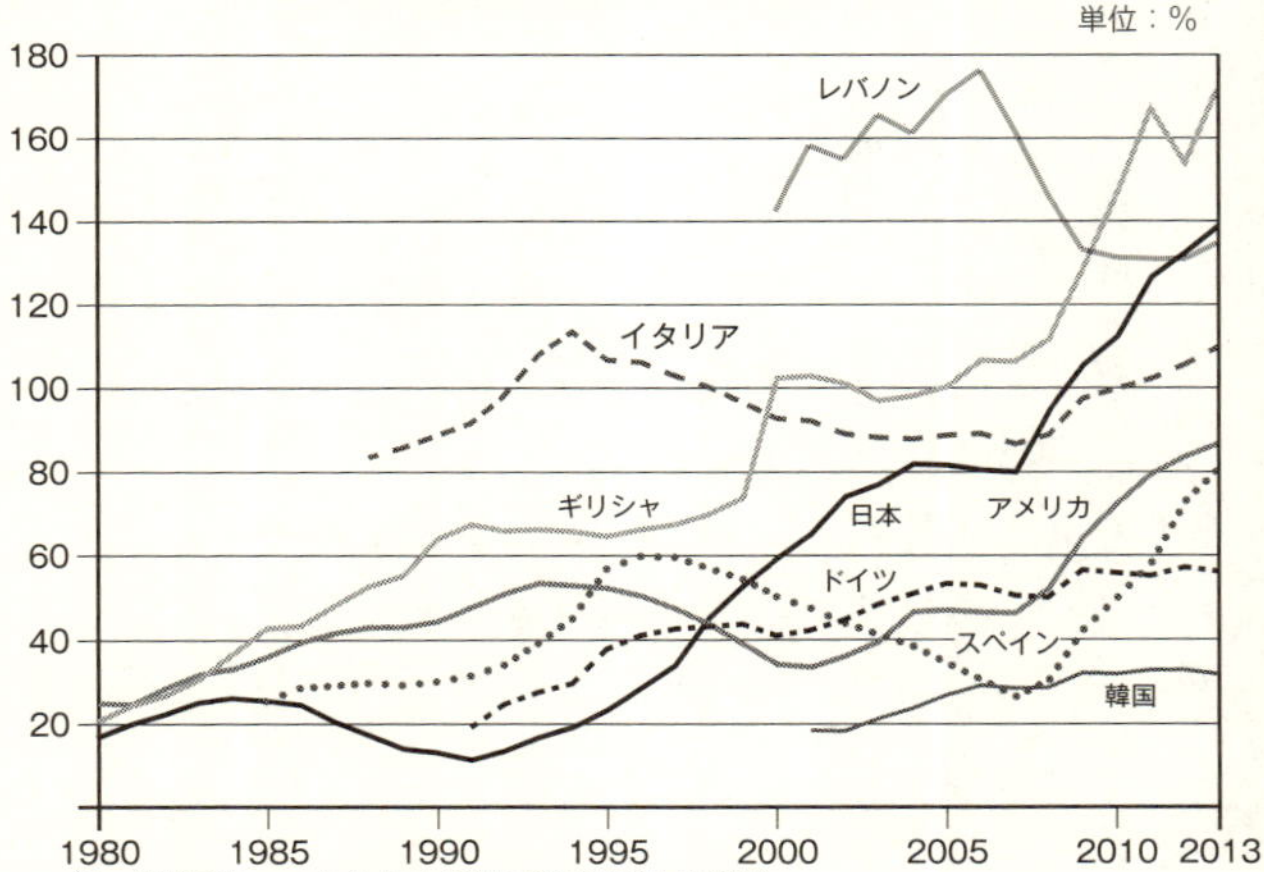

（データ出典：「Economic Outlook 83 号」（2008年6月 OECD））

比べ方で変わる日本の借金

ここまで読んできたあなたは総債務と純債務では何がどう違うのか、疑問に思ったのではないでしょうか。財務省のホームページには以下のような注がありました。

「純債務残高で債務残高を比較する場合、政府の金融資産の過半は将来の社会保障給付を賄う積立金であり、すぐに取り崩して債務の償還や利払費の財源とすることができないこと等に留意する必要があります」。

こんなふうに書かれると財政問題に詳しくない人は、純債務の方はあまり重要な指標ではないと思ってしまいそうです。これが財務省の常套手段で、自分たちに都合の悪いデータも公表はしますが、巧妙にカムフラージュして国民の目をごまかそうとするのです。

ポイントは「政府の金融資産」という言葉です。

財務省のホームページの説明をさらっと読むと、政府の金融資産とは将来の社会保障のための積立金のようなもので、すぐに使うことのできないお金といった印象を受けます。

ではこの金融資産の額は他の国と比べて多いのでしょうか。少ないのでしょうか。

たとえば2011年のデータを見ると政府の持つ金融資産の対GDP比はアメリカが20・0%、イギリス32・6%、フランス37・0%、ドイツ35・5%、イタリア24・5%、カナダ51・1％です。では日本はどうかというと、何と83・2％とこれもダントツのトップです。

では実際の金融資産の額はどうでしょうか。今出てきた日本を除く6カ国のうち日本よりGDPが多いのはアメリカだけ（約15兆8００億ドル）ですが、アメリカの金融資産は3兆151億ドルあまりで、約5兆ドルにのぼる日本の金融資産には敵《かな》いません（『日本は世界第1位の政府資産大国』高橋洋一著、講談社＋α新書）。

借金も世界一なら資産も世界一

元財務官僚の高橋洋一さんの指摘によれば、国の所有する不動産などを含めると日本政府の資産は630兆円にのぼるといいます。高橋さんはいわゆる「霞ヶ関の埋蔵金」の発見者として有名で、日本で初めて「日本国のバランスシート」を作った人です。日本は借金の額も世界一なら、政府の保有する資産も世界一という高橋さんの指摘は説得力があります。

しかも高橋さんによれば、日本政府が保有する金融資産には年金のための積立金のようなもの以外に、アメリカ国債を中心にした有価証券や特殊法人への貸付金や出資金が含まれており、財務省の言うように「すぐに取り崩して債務の償還や利払費の財源とすることができない」わけではないと言います。また金融資産以外の固定資産についても証券化などの方法を使えば、お金に換えることはできると指摘しています。

つまり本当に日本が財政赤字で破綻の瀬戸際にいるというなら、まずこうした異常とも言うべき大きさの政府保有資産を処分して、他の先進国並みに負債を圧縮すべきで、実際にそれが可能なのです。

先ほど国家財政を家計に例えるのは正しくないと言いましたが、巨額の借金をしていながら、一方でその借金の半分以上の資産を処分もしないで保有しているのは、やはり理屈が通らないのではないでしょうか。家庭でも会社でも返せる余裕があれば、まず借金を返していくべきで、そういうあたりまえのことをしないで「財政赤字が危機的状況だから増税する」という財務省は、やはり間違っているのです。

役人の天下り先が負債を増やしている

このように財務省はとにかく「日本は負債の対GDP比が他の国に比べて高過ぎる」ことばかりを宣伝していますが、多くの部分が財務省によって作られた「負債」なのです。

国の予算を特別会計で見ればよくわかるのですが、公益法人とか特殊法人など役人の天下り機関をどんどん作って、そこが巨大な資産を抱えているわけです。日本政府が抱えている金融資産のうちの特殊法人への貸付金や出資金がそれです。2011年で見ると、この二つで200兆円ほどあります。これが官僚の天下りの温床になっています。

逆に言えば政府が保有している金融資産を「すぐに取り崩せない」のは、財務省の言うような年金制度維持のための積立金だからではなく、自分たちの天下り先である特殊法人を潰したくないからなのです。特殊法人をどんどん潰し、必要な事業は民間に委託して、そこへの出資金や貸付金を国庫に戻していけば、負債はどんどん減らせますし、それは財務官僚が脅すように年金制度を潰すことにはなりません。

日本政府が保有する金融資産のうち年金のための資産と言えるのは188兆円ほどで、額として少なくないですが、年金は現役の人が払う保険料にその大部分を依存していますから、政府資産を取り崩したら年金システムが破綻するというのは言い過ぎなのです。

とにかくこういう日本のやり方は異常です。こんなことをやっていて平気な国は、資本主義国では日本しかありません。アメリカはどうかというと、ほとんど政府の資産なんてありません。もし日本のように政府の資産がたくさんあれば、国民から売却を迫られているはずです。このあたりが日本のマスコミも不勉強で、財務省の言う「金融資産の取り崩し＝年金崩壊」を鵜呑みにして追及しません。

GDPが増えれば借金も減る

これまでは借金のことばかり説明してきましたが、財務省のこだわる「対ＧＤＰ比」の借金、つまり負債の割合を減らす方法として一番まっとうなのは分母であるＧＤＰを増やすことでしょう。

ＧＤＰが増えれば、それだけで負債の対ＧＤＰ比は減っていきます。逆に言えば負債の大きさがさほど変わらなくてもＧＤＰが減っていけば、負債の対ＧＤＰ比はどんどん増えていくということになります。

先ほどの図6を見ると、日本の負債だけがどんどん増えているように見えます。しかしここで忘れていけないのは他の国がここ20年以上の間に、そこそこ経済成長を遂げ着実にＧＤＰを増やしているということです。つまりこの図は日本だけがこの20年、経済成長から取り残され、デフレにあえいできたことを表しているとも言えるのです。

したがって財務省がホームページで示している二つの図から読みとるべきことは、財政赤字が他国に比べて著しく大きいからそれを減らすために増税しましょうということではなくて、他の国のように金融緩和や財政出動を行って景気を刺激し、経済成長が可能となるような経済環境を創ろうということであるべきだと私は考えるのです。

第四章　日本を不幸にするデフレ政策がなぜ変えられないのか

1　財務省や日銀がデフレは自分たちの失敗だと認めないから

デフレの原因はアジア通貨危機というウソ

ここまで本書を読んでくださったみなさんには、この15年にわたって日本が陥っているデフレという経済現象が若者や現役世代をどれだけ不幸にしているかについて、かなり理解していただけたと思います。この章ではなぜこのような国民の大半を幸福にしないデフレ政策が変えられないのかという視点から財務省や日銀のおかしなところを検証していきたいと思います。

これまでさまざまな機会をとらえて「デフレ脱却しか日本が生き残る道はない」と主張してきた私が、日本経済がデフレ政策を変えられない一番の原因だと考えるのは、財務省や日銀など実質的に日本経済の舵取りをしてきた人びとが、１９９７年から続くこのデフレを自分たちの政策が失敗した結果であると認めないことです。

もちろん旧大蔵省や現財務省の官僚たちは国民に向かって大きな声で「デフレの責任はわれわれにはない」と言ったりはしません。その代わりに新聞社の経営幹部や論説委員たちに向かって自分たちの政策について説明すると称して、巧妙に自分たちに都合のいい情報だけを伝えようとします。

たとえば私の勤める産経新聞にも財務省の主計局と主税局の幹部がやってきて、財務省が進める「社会保障と税の一体改革」の必要性について説明をしてくれました。この「社会保障と税の一体改革」こそが、今回の消費税増税を押し進める上での錦の御旗になっているわけです。その席で私は1997年に54兆円あった日本の税収が2011年には42兆8000億円に減少したことを挙げて、その年の4月に消費税が3％から5％へ引き上げられたことがきっかけで日本が慢性デフレに陥ったのではないのかと尋ねてみました。

しかし返ってきたのは、「東大の教授や内閣府のエコノミストなど高名な先生方は、そんなことおっしゃっていませんよ」という答えでした。

では、そうした高名な先生方がどうおっしゃっているのかというと、日本のデフレは1997年に起きたアジア通貨危機が原因だと主張しているのです。

これは明らかに誤りです。アジア通貨危機はタイやインドネシア、韓国などに大きな影響を与えましたが、いずれも一過性のものであり、大きな影響を受けた韓国経済はその後のウォン安なども あった輸出産業を中心に成長を遂げ、電子機器などの分野で日本を追い越すほどになっています。もし日本がアジア通貨危機の影響をいまだに引きずっているとしたら、それこそ財務省の怠慢と言われても仕方がないのではないでしょうか。

アジア通貨危機は、数々の教訓を残しましたが、その影響は一過性のものです。それが15年も続いた未曾有のデフレの原因などということはあり得ません。百歩譲ってアジア通貨危機がデフレに陥るきっかけの一つであったとしましょう。そうだとしてもこれから見ていくように何度もあったデフレ脱却のチャンスをことごとく潰してきた財務省と日銀の責任は免れることはできないのです。

その後もチャンスを潰してきた財務省と日銀

１９９７年の消費税増税は１９９５年１月に起きた阪神・淡路大震災の復興需要でようやくバブル崩壊後の低迷から立ち直りかけていた景気を一気に減速させました。これは財務省や日銀がどう言おうと紛れもない事実です。これが仮に財務省や高名な先生方がおっしゃるように消費税増税のせいでないとしても、その後、何度もあったデフレ脱却のチャンスをことごとく潰してきたのは、財務省と日銀です。

たとえば日銀は２００１年、ようやく量的緩和政策、つまりはお金をたくさん刷って市中に出回るお金の量を増やす政策に転換しました。これによって株価も1万8000円台まで上がっていきました。ところが2006年3月に少しだけインフレ気味になったとたん、日銀は一転して再び量的緩和を打ち切って金融引き締めにかかったのです。日銀が2001年から2006年にかけて5年間続けた量的緩和政策によって、ようやく芽生えてきた脱デフレの可能性の芽は、ここで日銀自らの手によって摘み取られてしまったのです。しかもこのときの「インフレ気味」という評価は速報値を基にしたものに過ぎず、後になって実際にはマイナス、つまりインフレにはなっていなかったことがわかるというオチまでつきました。

狂乱物価のトラウマを抱える日銀

そもそもデフレもインフレも、その現象自体の良し悪しではなく、その時々の経済状況においてどちらが適当であるかを判断すべきでしょう。行き過ぎたインフレがバブルにつながることを恐れるあまりインフレそのものを許さないという日銀のやり方は、国民の幸福よりも、自らの保身を最優先していると言われても仕方がないのです。

これはけっして私の感覚で言っているのではありません。国際的なインフレ指数に「コアコアＣＰＩ」というものがありますが、１９９８年4月から２０１２年11月までのこの指数をとり、前年比増減率を見てみると合計１７６カ月のうちインフレ率がプラスになったのはたった9回しかありませんでした。

このように見てくると、日銀自体に機械的にインフレを嫌いデフレを好むプログラムが組み込まれているとでも考えるほかはないのです。その遠因を探っていくと、１９７０年代前半の石油危機に伴う狂乱物価に行きつきます。

１９７３年に起きた第４次中東戦争は原油価格の大幅値上げを招き、円の切り上げで景気が落ち込んでいた日本経済を大混乱に陥れました。また当時は田中角栄首相が提唱する「列島改造」の絶頂期とも重なりました。このとき日銀は、田中内閣から強力な金融緩和圧力を受けてお金をどんどん供給しました。これによって未曾有のインフレが起き、１９７４年の消費者物価指数は前年比で約23％増という、とんでもない数字を示し「狂乱物価」という言葉が生まれました。

こうした狂乱物価について「日銀が適切に金融引き締めを行って、お金の供給量をコントロールしていれば、ここまでの物価上昇は防げた」という批判が起き、これに対して日銀は「物価を金融政策で完全にコントロールすることは不可能」と反論しました。この論争についてはいまだに決着がついていないことになっていますが、日銀の内部ではこのとき世論の集中砲火を浴びたことが、明らかにトラウマとなって残ったと私は思います。

消費税増税のためなら量的緩和をいとわない日銀

これ以降、日銀は金融政策、つまりはお金の供給量のコントロールや金利のコントロールでインフレやデフレを抑制することはできないと主張し続けます。そしてその一方で少しでもインフレの懸念が出てくると、いち早く金融引き締めを行い、金融緩和が必要と考えられる場面でも、中途半端な金融緩和しか行ってこなかったのです。

たとえば先にも触れたように小泉純一郎氏が首相に就任した2001年から安倍晋三氏が初めて首相に就任した2006年にかけては日銀の量的緩和策とゼロ金利政策によって円安・株高という現在のアベノミクスのミニ版のような政策が功を奏し、税収が回復するとともに財政赤字が好転したことがありました。

しかし実際にこうした政策によってインフレの気配が漂ってくると、日銀は一気に金融引き締めに走り、回復しかけた景気の芽を摘んでしまったのでした。

個人的には、このときの状況はアベノミクスで円安・株高が進み、日本経済が回復に向けて動き出した今の状況と酷似しているような気がして心配しています。何が心配かというと、この2001年から2006年の景気回復期にも、財務省は執拗に消費税増税を持ち出しているのです。これに対して小泉首相は自分はやらないとにべもなく退けています。このあたりは、財務官僚にまんまとだまされてしまった野田元首相とは役者が違うと感じます。それはともかく、日銀の量的緩和とゼロ金利政策は、消費税増税という財務官僚の意に沿う意味もあったのだと思います。

つまり景気の悪いときの増税がマズいことは誰にもわかるので、ちょっと景気を良くしておこうとしたのです。しかし小泉政権はまったく財務省の誘いに乗ってこなかった。さらに次の第1次安倍政権は首相自ら政権を投げ出し空中分解してしまいました。政権は福田康夫、麻生太郎と目まぐるしく代わります。そこへ運悪くリーマン・ショックが襲って日本経済はまたまたデフレの泥沼に逆戻り。以上、うがち過ぎかもしれませんが、今の財務官僚出身の黒田東彦《はるひこ》日銀総裁が「異次元の金融緩和」でもって消費税増税を支援する構えを見せているのを見ると、そう疑いたくなります。

図８　日銀の量的緩和（2001年3月～06年3月）期からリーマン・ショック前までの日銀資金供給残高と株価の推移

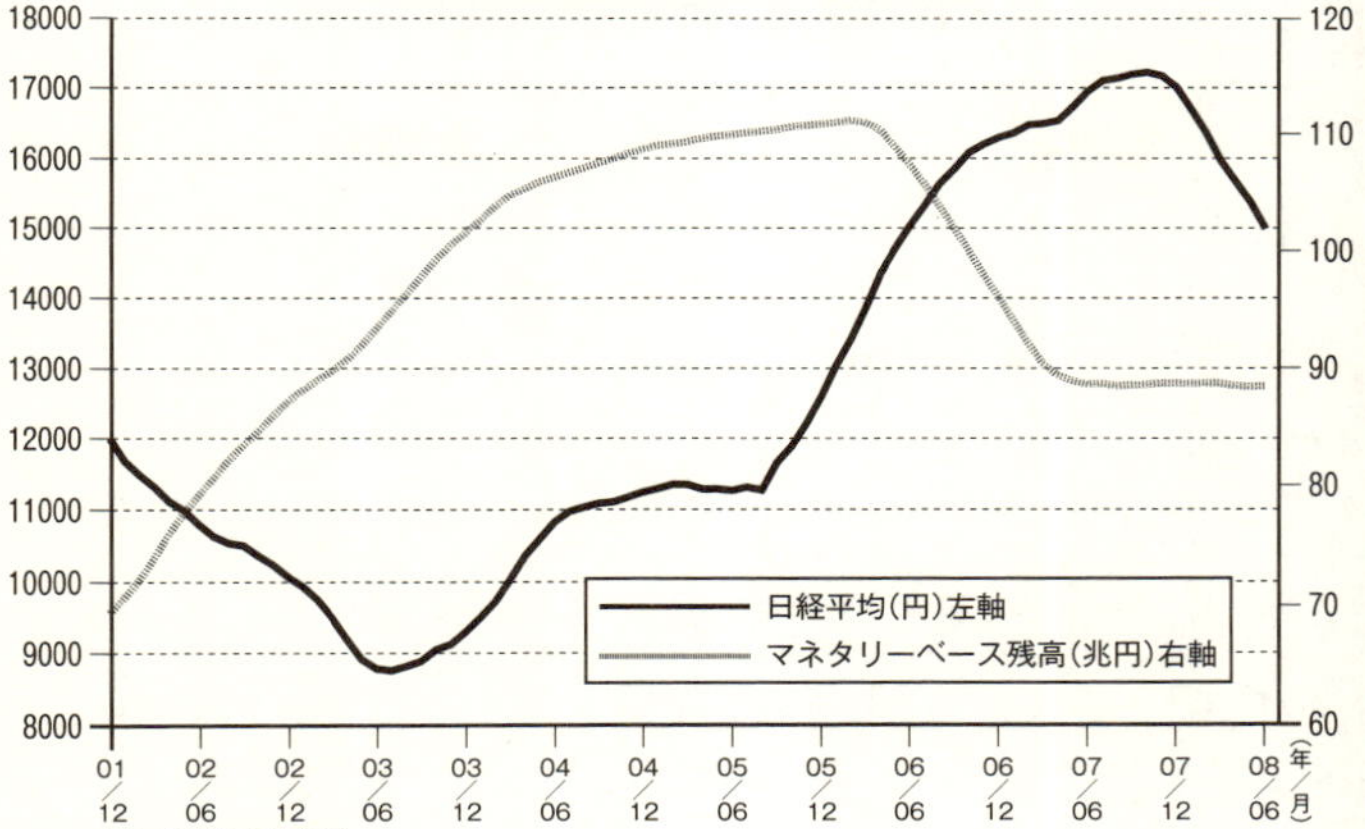

（データ出典：日本銀行）

増税による財政再建が至上命題

そんな話は田村の描く勝手な物語だろうと言われれば、それ以上強弁するつもりはありません。しかし経済記者として取材してきた立場から言わせてもらえば、このときの金融政策主導による景気の上昇、税収の回復を財務官僚や日銀官僚があえて無視するのが不自然で仕方がないのです。

日銀の白川元総裁に至っては、この2001年から2006年まで実施した量的緩和政策について、「実体経済に景気回復を与える効果はなかった」と言い続けてきました。

しかし図8を見れば、それがウソであることは誰の目にも明らかです。このグラフはマネタリーベースの平均残高の推移と日経平均株価の推移を2001年3月から2008年6月まで追ったものです。難しい説明は省略しますが、グラフのカーブがよく似ていることに注目してください。日経平均のグラフを1年分前にずらすとマネタリーベース残高に、ほぼ重なります。マネタリーベース残高とは、前に説明したようにこれが多いほど量的緩和が進んでいることを示す指標です。マネタリーベース残高の上昇からほぼ1年で株価が上がっているわけですから、明らかに二つのグラフには相関関係が認められます。このグラフのデータは日銀の資料からとったものですから、白川元総裁はもちろん日銀官僚もこうした事実を知らないはずがありません。

ではなぜ財務省や日銀はここまで自分たちの失敗を認めず、金融政策ではデフレから脱却できないと言い張るのでしょうか。

日銀にとっては金融緩和によって日本経済が成長することを認めてしまうと、さらに大規模な金融緩和への方向転換を求められるだけでなく、これまでの中途半端な金融緩和はなんだったのかということになり、いずれにしても自らの誤りを認めることになってしまうからです。

財務省にとっては、大規模な金融緩和によって日本経済が成長することが証明されると自らの政策の誤りが明らかになるだけでなく、増税によらなくても税収アップが可能になることが満天下に明らかになってしまのが嫌なのでしょう。政治家はもちろん国民やマスコミにそれが知れ渡ってしまうと財務省が至上命題としている増税による財政再建という道が否定されてしまう。それが一番困るのです。

2　経済成長による税収増より増税の方が都合がいいから

アベノミクスの第一の矢は財務省の思うつぼ？

前項で触れたように、どうやら財務省・日銀の官僚たちは金融政策は国民のために行うものではなく、自分たちに都合のいい増税を実行するための道具だと考えているようです。つまりリーマン・ショック後に欧米が行ったような大規模な量的緩和を行えば、日本経済を再び成長軌道に乗せることができると知っていながら、公にはその事実を認めない。それればかりかアベノミクスによる大胆な金融緩和によって、円安・株高が再来し、デフレ脱却の糸口が見えてくるまでは、むしろ金融政策によってデフレは脱却できないと言い続けてきました。それが安倍政権になって日銀総裁が白川氏から黒田氏に交代し、いわゆる「異次元の金融緩和」が効果を上げはじめると、表面上は安倍政権に協力する姿勢を示しています。しかし内部では「しめしめ」と言い合っているはずです。

なぜなら、2013年の年末から2014年の年始にかけて、新聞をはじめマスコミは、さも景気回復が進んでいるかのようなニュースや政治家・官僚のコメントを垂れ流しています。4月に予定された消費税増税による景気の中折れを心配する声は、こうした報道に掻き消されています。

すでに5％から8％への消費税増税は動かせないと誰もが考えており、話は次の段階、つまり8％から10％へ、さらに増税する際に軽減税率を導入するかどうかといった点に移ってしまっています。まさにアベノミクスの第一の矢は財務省の思うつぼにはまったと言えましょう。

アベノミクスの挫折の責任は誰がとる

もし、というか私は必然だと考えていますが、2014年4月に消費税増税が行われて景気が逆戻りし、再び日本経済が縮小しはじめたとき、誰が責任をとるのでしょうか。

まず責任を追及されるのは消費税増税を決めた安倍首相でしょう。しかし安倍首相はすでに民主党の野田政権時代に決まっていた消費税増税を既定方針通りに実行しただけだと言うでしょう。しかも財務省に乗せられた野田政権と自民党、公明党が3党合意によって実質的に消費税増税を決めたとき安倍さんは蚊帳の外だったと言われています。

その後首相になった安倍さんは、みなさんご存じのように「異次元の金融緩和」によって円安・株高の状況を生み出し、日本経済を再び成長の軌道に乗せようとしたのです。安倍さん自身は先にも触れたように消費税増税に関しては終始、消極的でした。しかしマスコミはもちろん身内の麻生財務大臣まで「消費税増税は国際公約だ」などと言い出す中、忸怩《じくじ》たる思いで安倍さんは消費税増税を決めたということになっています。

当然、消費税の増税によって景気が減速しアベノミクスが挫折したとしても、その責任をとって辞任せよと安倍さんに迫れる人はいないでしょう。

では消費税増税を野田政権に呑ませた財務省の責任はどうなるのでしょうか。

言うまでもなく財務官僚たちは「われわれはアベノミクスとは無関係だ」と主張するでしょう。消費税増税はアベノミクスが動き出す前から決まっていたことであり、自分たちは民主党の「政治主導」によって決定された消費税増税という既定路線が円滑に実現するようにサポートしただけだという理屈です。

結局アベノミクスは財務官僚主導の消費税増税の踏み台にされ、誰もその挫折の責任をとらないまま、消費税増税が実現すればお役ご免とばかりポイ捨てされてしまうのでしょうか。

消費税率アップ分しか見ていない財務省

財務官僚にとって重要なことは、いかにして消費税増税を実現するかということだけなのです。日本の経済が成長することによって若い人たちの働く場が生まれ、現役世代の負担が減ることなど二の次と考えているとしか思えません。

なぜ財務官僚は目先の増税のことばかり考えて、日本の将来を長い目で見ることができないのでしょうか。その理由は三つあると私は考えています。

まず一つは何と言っても、消費税の創設と消費税率の引き上げは財務官僚たちの長年の「悲願」であったという点です。前にも触れたように、税収を上げる際の費用対効果を見ると、消費税は所得税などに比べ効率が良いのです。フランス人が考え出した消費税を欧米諸国がつぎつぎに導入していくのを、日本の財務官僚たちは長い間指をくわえて眺めているだけという状態が続きました。そのため旧大蔵官僚から財務官僚に至る「官僚の血」を通じて、消費税願望とでもいうべきＤＮＡが受け継がれていると言ったら言い過ぎでしょうか。それはともかく消費税導入に成功した、あるいは消費税率のアップに貢献した官僚は内部で高い評価を受けると言われています。これは財務省以外の人びとには理解不能の価値観と言わねばなりません。

自然増収には頼っていられない

財務官僚が目先の増税のことばかり考えてしまう二つ目の理由は、何度も触れてきましたが、経済成長による税の自然増は計算できないので、そんなものに頼っていては予算一つ立てられないという官僚独特の発想が根底にあることです。

ただしここで問題なのは、財務官僚の多くが「消費税率を1％上げると2・7兆円の増税になる」といった小学生レベルの理屈を頭から信じているように見えることです。たしかに経済成長による税収増というのは、その時々の景気によって大きく影響を受けるでしょう。1970年代までのように経済成長が右肩上がりならいいですが、現在のように経済成長率がゼロかマイナスというのでは普通の税金では税収が減り続けてしまいます。それに比べて消費税は確実に税収が確保できるというのが財務省の一貫した主張ですが、消費税だって景気が低迷すれば減収になることは本書で繰り返し述べてきたところです。なのになぜ、超エリートの財務官僚がこうした粗雑な理屈を振り回すのか。それとも国民相手の議論ではこの程度でいいと高をくくっているのでしょうか。

消費税増税は財務省の権限を強化する

三つ目は消費税増税が財務省の権限強化につながり、政治家やメディアへの支配力を高めるということです。

たとえば政府は消費税増税に際して、中小業者が増税分を確実に大手小売店への納入価格に転嫁できるように特別措置法を作りました。この法律では立場の弱い中小業者に対して大手小売店が増税分の転嫁拒否をすることを禁止するだけでなく、「消費税還元セール」を禁止し、中小業者を巻き込んだ値引き合戦が起こらないようにしました。

このように書くと財務省が中小業者のためを思ってこの法律を作ったように聞こえます。しかし、この法律は本来自由であるべき商行為に「お上」である役人が口出しするという異常なもので、現在のデフレ・日本の現実を裏返したものに過ぎません。そうでもしないと中小業者は消費税の増税分を納入価格に転嫁できないのです。

つまり財務省もデフレ下での消費税増税がいかに小売業者にとって致命的なものである

か、実はよくわかっているのです。だからこそこの特別措置法では、条件付きながら増税分を価格に転嫁するための価格カルテルを組むことさえ認めているのです。

これによって何が起こるかというと、商品の小売価格に関する公正取引委員会の権限が強化され、公正取引委員会を牛耳る財務官僚の権限が強化されます。またデフレ下でいくら増税分を価格に転嫁させようとしても、1円でも安いものを求める消費者を引きつけるための値引き合戦は止まりません。当然、財務省は新たな法律や規則を作り、権限を強化しようとするでしょう。

軽減税率適用で頭を下げる新聞

自分の省の縄張りを増やし、権限を強化しようというのは官僚の「本能」のようなものです。このままいくと消費税はさらに2%引き上げられ10%となることが、実施時期は未定ですが、法律ではそう決まっています。その際に導入が検討されているのが公明党が公約に掲げる軽減税率の適用です。この軽減税率適用も財務省の権限をさらに強化するものと考えられるのです。

所得の少ない人により大きな負担を強いる「逆進性」が、消費税導入当時から問題になっています。その逆進性を緩和しようというのが軽減税率の考え方です。具体的には食料品などを中心にした生活必需品には消費税をかけない、あるいはより低い税率を適用するというものです。

この軽減税率は欧米各国ではすでに導入されていますから、海外旅行をした折りに体験されている人も多いでしょう。同じピザでもお店で買うのとそこで食べるのとではかかる消費税が違ったりします。また国によって軽減税率が適用される品目は異なっています。ここではそうしたシステムの複雑さについてはこれ以上言及しません。ここで問題にしたいのは「何を軽減税率の適用対象とするか」について、財務官僚の裁量に委ねられる部分が大きいという点です。

たとえば恒常的な発行部数減にさらされている新聞業界や出版業界は、すでに財務省に「軽減税率を是非とも適用してください」と頭を下げています。新聞や書籍、雑誌は国民の文化であり、その文化を守るためには軽減税率適用が必要だという論法で、欧州の一部では認められています。しかし、世間からは「自分の属する業界だけを特別扱いせよと言うのか」と冷たく見られています。国民の文化を守るというなら国民の多くを不幸にする消費税増税にこそ反対すべきです。

それはさておき、もし消費税が10%に引き上げられる際に軽減税率が適用されることになると、さまざまな業界が、今紹介した新聞業界や出版業界のような理由を掲げて財務省に頭を下げにくるでしょう。どの物品に軽減税率を適用するかを巡っては贈収賄に発展することもあると警鐘を鳴らす向きもあり、公正な判断が求められるのは当然ですが、ここでも財務省の権限は強力になっていくのです。

3　国民の幸福より金融システムを守る方が大切だから

金融システムさえ安定していればいい

国民の大半を幸福にしないデフレ政策が変えられない原因は、財務官僚や日銀官僚の二枚舌や怠慢のせいだけではありません。政治や金融機関も含めた日本の金融システムの構造そのものにあるとも言えるのです。

たとえば2008年に米証券会社大手、リーマン・ブラザーズ社の破綻に端を発したアメリカの金融危機について、当時経済財政政策担当大臣だった与謝野馨氏は、こう発言しました。

「日本の金融システムは安定しています。今問題になっている住宅ローン債券などに投資した金融機関はごく一部です。ですから日本の金融機関は安心です」

与謝野氏は日本の被害は「蜂に刺された程度だから、大丈夫」とも発言しました。それを聞いた当時の白川日銀総裁は、そもそもがデフレ容認論者ですからこのリーマン・ショックに対応する現実的な金融政策をまったく打ち出さず、与謝野氏もそれを支持しました。その結果、小泉、安倍政権下でバブル崩壊後の長く暗いトンネルを抜け出すかに見えていた日本経済は、再びデフレ不況の泥沼に逆戻りしてしまったのでした。

たしかに銀行や大手の証券会社など日本の金融システムを支える部分にとっては、リーマン・ショックによる影響は「蜂に刺された程度」だったかもしれません。しかしリーマン・ショック後の日本経済はどんどん元気を失っていきました。再び円高が進み、日本のメーカーの国際競争力が奪われ、それを取り戻そうと海外へ工場を移す動きが加速したからです。国内ではこうした産業の空洞化のあおりを受けて、中小企業が続々と倒産したり廃業したりするという事態に陥っていきました。

これはけっして与謝野氏が言ったような「蜂に刺された程度」の痛手ではありませんでした。

日本の失敗に学んだアメリカ

このリーマン・ショックへの対策を巡っては、欧米の各国が大胆な金融緩和に踏み切ったのに対して、日本だけが何もしなかったため、その後の世界の経済成長に乗り遅れたのだと私は再三主張してきました。

とくに「火元」であったアメリカがバーナンキFRB議長の決断で大量のドルを刷ってストック市場に流し込んだ手腕は見事でした。これは量の勝負だけでなく時間との勝負でもありました。何が何でもデフレを阻止するというバーナンキ議長の強い意志が功を奏し、アメリカがデフレに陥るのを避けることに成功したのです。リーマン・ショックとは低所得者向け住宅融資、いわゆるサブプライムローン危機が伏線となって起きた金融バブルの崩壊です。バブル崩壊の際にまず必要なのは急速かつ大量な金融の量的緩和だということをアメリカは日本のバブル崩壊後の失敗から学んでいたのです。

もちろんアメリカの量的緩和策がすぐに効力を発揮したわけではありません。いくらストック市場、つまり金融機関などに大量にお金が流れても、それが実体経済（フロー）にまで行き届いて、企業が設備投資や新たな雇用に踏み出すようになるには時間がかかります。

日本の中央銀行、つまり日銀は、何度も金融緩和と称する中途半端な政策を小出しにしましたが、いつも効果が出るまで辛抱できずに金融引き締めに転じては失敗してきました。アメリカはリーマン・ショック後、本当に辛抱強く量的緩和政策を続け、その効果は今になって大きく花開いています。

もちろんここまでくる間には、リーマン・ショックが引き金になって起こったユーロ危機、ギリシャ危機もありました。それを乗り越えてアメリカが大幅な量的緩和などの金融政策を続けてこられた背景には、最新の金融経済学への信頼もあったでしょうが、何より大きかったのは単にリーマン・ショックというバブルの崩壊から金融システムを守るという狭い考え方に立たず、実体経済の回復を最終目標にきちんと定めた上で金融政策を打ち出していったからだと私は思います。

50年以上続く金融至上主義

それに比べて日本人は与謝野氏がつい漏らしてしまった「蜂に刺された」発言に象徴されるように、実体経済の回復は二の次で、金融システムの安定こそが日本経済を支える大きな力になると考えてきたのです。たしかにどこの国でも金融システムの安定は重要でしょう。また戦後すぐの復興期であれば金融至上主義とも言えるこうした考え方も容認されたかもしれませんが、ここまで成熟した産業社会を迎えたこの日本で金融システムさえ安定していればいいという理屈が通用するわけはないでしょう。

しかし50年以上続いてきたこの金融至上主義は一朝一夕で無くなるものでもありません。財務官僚や日銀官僚の頭の中には、とにかく銀行に一定の収益を確保させ、銀行の経営さえ安定すれば世の中良くなるんだという意識がこびりついています。いわゆる「護送船団方式」という考え方がこれです。

バブルがはじけた後も、日銀はまず銀行をどうやって儲けさせようか知恵を巡らしました。バブルになって銀行は多いに儲かったわけですから、当初はたとえバブル崩壊になっても銀行は大丈夫だと財務省や日銀は高をくくっていたわけです。だからあれだけガンガンと金融引き締めをしたというのも一面の事実です。ところが実際にバブルがはじけて急速に経済が縮小してみると、どうやら事態はそう簡単でないことがわかってきました。地価の下落は下げ幅も下がる速度も予想より大きく、あっという間に不良債権が山になっていったわけです。

バブル崩壊後の不良債権処理に失敗

そこで日銀が考えたのは、そういう状況の中で、どうやって銀行を儲けさせるか、でした。財務省や日銀がその気になれば銀行を儲けさせるのは実に簡単なのです。どうするかというと銀行の資金調達コストを下げて、貸出金利との間で利ざやを稼げるようにしてやればいい。要するに利ざやを確保できるようにしてやれば、どれくらい収益が上がるかは居ながらにして計算できるのです。ですから不良債権もどれくらいで解消できるかは計算できる。それこそ小学生の単純な計算です。だから日銀からの銀行向け貸出金利をどんどん下げて銀行に利ざやを稼がせてやれば、それで不良債権も償却できる。財務省――当時は大蔵省ですが――や日銀もそう踏んだわけです。

ところがそうは問屋が卸さなかった。日銀があまりに急ブレーキを踏んだので、バブルが崩壊したとき実体経済に与えた影響が大き過ぎて、簡単に言えば借り手の信用力がなくなってしまい、貸し出すどころか、強制的に貸出金を回収する「貸しはがし」が横行する始末です。たしかに日銀の采配で銀行の調達金利はどんどん下がっていきました。しかし貸出金利はあまり下げないから景気に与える影響は少ない。景気が良くならなければお金が回らないですから、日銀の思惑通りにはいかなくなりました。

バブル崩壊直後、銀行が抱える不良債権を棚上げにしようという空気が流れたのは、こういう裏があったからなのです。銀行に利ざやを稼がせることで不良債権問題が爆発しないように、何とかしようとしたのです。そうすれば官僚だけでなく政治家も国民の不評を買うような公的資金の注入をしなくてすむ。

しかし結果的にはうまくいかず、徒《いたず》らに不良債権問題の処理を遅らせただけに終わったのです。

またもや銀行を儲けさせた日銀

リーマン・ショック後の２００８年には、またまた銀行を黙って儲けさせる制度を日銀は作っています。

これは補完当座預金制度というものです。民間の金融機関が日銀に国債を売ると代金はその金融機関が日銀に持つ当座預金口座に支払われます。当座預金は普通、金利はタダです。ところが日銀はこの制度によって０・１％の金利をつけることにしたのです。日銀が民間の金融機関が持つ国債を買い上げる目的とは、市中にお金を流すこと、つまり金融緩和にあります。しかし代金を受け取った金融機関は０・１％の金利がつくわけですから、そのままにしておこうとします。要するに日銀が金融緩和と称して国債を民間から大量に買い上げても、実際にはお金は動かないという仕掛けです。

また金融機関としては何もしないで0・1％の金利がつく仕掛けがあるわけですから、それより低い金利の金融商品を買う理由がありませんし、一般企業に貸し出すにしても0・1％以下の金利にする理由がありません。ということは事実上0・1％がいわゆる下限金利になったわけです。

当時は先にも触れたようにリーマン・ショック後、各国が大量にお金を刷って市場に流し大規模な金融緩和を行っている時期でした。そのとき日銀は何を言っていたかというと、日銀は金融緩和策をとっているし金利も事実上0％であり、円高は日銀の金融政策が原因ではないと責任逃れの説明に終始していたのです。

ここにも日本経済がデフレから脱却できない原因が如実に現れています。

どういうことかと言うと日銀は常にインフレを嫌ってデフレへデフレへと舵を切るわけですが、このときのようにアメリカをはじめとした主要各国が大規模な金融緩和を行っている際には「日本もやってます」というポーズをとるわけです。しかし先の例で触れたように金融緩和をしているように見えてお金は市中には流れず、銀行に貯まっていくだけ。

こういう姑息な手を打って自分たちの立場を守るのが彼ら官僚のやり方です。そして銀行は日銀のこうした意向に協力することで濡れ手で粟の儲けをさせてもらうという構造です。

預貸率が70％を割り込んだ銀行

このように財務省や日銀は一貫して金融機関に都合のいい政策をとり続けてきました。ひと言で言えば金融システムの安定を何より優先するんだということです。

たしかに金融システムが不安定になったら国民も企業も困ります。しかしここまでデフレが長引いて、国民、とくに若者や現役世代が苦しんでいるのに、50年変わらない金融至上主義でいいのかということです。

ここまでして守られている銀行は、お金を貸してほしい企業がたくさんあるにもかかわらず、積極的に融資し新しいビジネスを育てることに本腰を入れていません。

銀行の幹部は「そんなことはない。銀行も昔とは違います」と言いますが、データを見れば、変わっていないどころか、新規の融資により後ろ向きになっていることは明らかです。

たとえば、金融機関がどれだけ積極的に貸し出しを行っているかを示す指標の一つに「預貸率」というものがあります。預金者が預けたお金と貸し付けたお金を比べたものです。

バブルの頃まではこの預貸率は100％を超えていました。つまり銀行は預金者から託されたお金以上の貸し出しをしていたわけです。ところがバブル崩壊後、貸し渋り、貸しはがしが話題になりましたが、どんどん貸し出し分が減っていきます。その結果、2013年9月の時点では、銀行の預貸率は70％を下回り、信用金庫に至っては50％を割り込むというありさまです。

では貸し出ししなかったお金を金融機関はどうしているのでしょうか。

ここまで本書を読んできた方なら、もうおわかりかもしれませんが、余ったお金で日本国債を買っているのです。銀行をはじめとした金融機関は、ここまで手厚く国策で守られていながら、多少のリスクを負って企業に貸し出すという本来の業務には消極的である一方で、国の財政赤字を補塡するための日本国債を、どんどん買っているのです。

国民のお金で国債ばかり買う銀行

日本国民は勤勉で貯蓄好きとよく言われます。各家計が所有している金融資産の合計は1600兆円になると言われ、その大半が銀行に預けられています。本来はこれだけのお金が銀行にあるわけですから、銀行はどんどん民間設備投資などに融資して、国民のお金を有効に活用していくべきです。それが金融機関の使命であって、そのためにある種の特権と保護を受けているという議論もあります。そこまでは私も認めることにしましょう。

しかし実態は国債の引受機関と化しているのです。とくに信用金庫などは預貸率が50％を切っているわけで、すでに貸出業もより国債の買い入れが上回っているという異常な状態です。

つまり本来は銀行を通じて企業に貸し出され、経済成長に寄与するはずの国民の財産が、政府の支出を支えるための国債の引き受けに使われ、景気の浮揚や長期的な日本の経済成長には寄与しないという構図になっているのです。

日本経済が成長しなければ企業の設備投資の意欲もそがれます。当然、貸出先も減ります。また経済成長がなければ税収も伸びませんから政府の国債発行額も増えます。そうなると金融機関が引き受ける国債も増えて預貸率はさらに下がっていく。この悪循環が日本経済がデフレから脱却できない構造を生み出しているのです。

4　マスコミや御用学者が財務省の片棒をかつぐ理由

財務官僚や日銀官僚の言い分満載の新聞

日本経済が長いデフレから抜け出せないでいる責任は私たちマスコミにもあります。

私自身がプラザ合意の際に図らずもアメリカのメッセンジャーとなって、結果的にではあれ日本のバブルを助長する側に立った点については先にも触れましたし、別著でも詳しく書きました（『日経新聞の真実』光文社新書）。

日本が長いデフレのトンネルから抜け出せないのは、日本の政府、財務省、日銀がマスコミや学者、知識人を使って自分たちに都合のいいデフレ政策を巧妙に正当化してきたからでもあります。

たとえば現役の経済記者は最も財務省などに取り込まれやすい立場にいます。前にも少し触れましたが、経済記事で特ダネを狙おうとすると財務省や日銀の官僚に深く食い込んでいかねばなりません。しかしそれは財務官僚や日銀官僚の思い通りの記事を書いてしまう危険と背中合わせです。しかも経済関係の情報やデータは財務官僚たちに握られていますから、彼らの政策に批判的な論点を入れた記事を書くのは非常に難しいのです。

その結果、新聞の経済欄には財務官僚や日銀官僚の言い分をそのまま書いたような記事が満載されることになります。

たとえば先に触れた「事実上のゼロ金利」などという日銀の理屈も、詳しく解説されればその偽りは誰の目にも明らかですが、当時の新聞の経済面に頻繁に出てくる「事実上のゼロ金利」という言葉を見ていると、多くの国民は「今はゼロ金利」なんだと思ってしまいます。こうした積み重ねが世論を誤った方向に導き、長いデフレからの脱却を阻んできたと言えるのです。

私の記事やコラム、ブログを見た人から寄せられる意見の中には「田村さんの意見に私は賛成だが、妻は『もし田村さんの言う通りなら新聞やテレビでも同じことを言うはず』と言って聞きません。私は妻をどう説得したらいいでしょう」というものがありました。自分の頭で考えて正しいと思ったことでも、新聞やテレビから繰り返し誤った情報を流されると、自分の正しさを信じられなくなるものなのです。

アメとムチでマスコミを誘導

マスコミへの影響力の行使は記者を取り込むという方法だけではありません。たとえば財務省は国税庁に大きな影響力を持っており、国税庁は新聞社などへの税務調査の権限を持っています。こうした権限を恣意的に使えば新聞社の方針や論調に影響を与えることは可能です。前著でも書いたのですが、ある新聞社の論説委員が増税反対の論陣を張ったところ、国税庁の調査が入り飲食費など交際費の伝票を徹底的にチェックされたと言います。私自身も、財務官僚から「田村さん、それでいいんでしょうかねえ」と何だか含みのある言い方をされたことが何度もあります。

加えて、財務省は国有地の払い下げなどを通じても各新聞社に影響力を行使しています。大手新聞社は大手町や銀座など都心の一等地に本社を構えていますが、その多くは戦後の混乱期に国有地を払い下げてもらったものです。

またこれは財務省だけではありませんが、各省庁をはじめ日銀、警視庁、県警本部、県庁などが大手のマスコミだけに「記者クラブ」の設置を認めています。この記者クラブに所属する記者は、独占的にその官庁のどこにでも入っていって取材できることになっています。それだけでなく官僚側から記者に積極的にアプローチがあり、特ダネ級の情報をリークしてくれることもあるのです。こうして記者クラブは官僚と記者たちの癒着の温床となります。財務省であれば「財政研究会」に所属する記者たちを、自分たちに都合のいい政策を実現するために、財務官僚は巧妙に誘導していくのです。

財務省のマスコミへの影響力の行使はこれだけではありません。先にも触れたように、新聞社のトップや論説委員を財務官僚が直接訪れて自分たちに都合のいい説明を懇切丁寧に行うのです。

財務官僚が広げる悪質なウソ

こうしたマスコミ操作で財務官僚が世間に広げた言説のうち、最も悪質なものは「円安になると国債が暴落する」「アベノミクスで日本は悪性インフレに陥る」というものでしょう。

元財務官僚の小幡績《おばたせき》慶応大学准教授は著書である『リフレはヤバい』（ディスカヴァー携書）で、円安が進むと国債の名目金利が上昇して日本国債は投げ売りになると断定しています。

しかし本書を執筆している時点でアベノミクスが動きはじめて1年ほどになりますが、

円は1ドル100円台を前後しており、株も1万6000円前後をうかがう様子で、円安株高という日本の輸出産業にとっては好都合な情勢が依然続いています。もちろん日本国債の金利が急上昇することもありませんでしたし、日本国債が投げ売りされることもありません。

小幡さんは同じ本の中でインフレとデフレに触れて、日銀はインフレを抑えることはできるが、デフレを解消することは困難だと述べて、デフレが日銀や財務省の責任ではないと臭わせた上で、「物価が上昇するには需要が継続的自律的に生まれなければならず、金融政策だけでは無理がある」と日銀を擁護しています。

しかし、当の日銀の白川総裁は2013年1月下旬に、2％のインフレ目標を導入しました。白川氏は小幡さんの言うように、日銀の金融政策ではデフレから脱出できないと言い、インフレ目標の導入を拒否していたのですが、突如豹変したのです。その背景には、2013年4月の任期切れを控えた白川氏が安倍政権に譲歩することで再任を狙ったのです。現に自民党の石破茂幹事長らは「白川再任」で野党民主党と手を打とうとしたようです。自らの地位を保全するために、自身がこだわってきた理論を平気で放棄するのにはあきれますが、要は自身の日銀理論には何の重さもないことを暴露したわけです。小幡さんの言う金融政策が脱デフレ、つまり物価の上昇の決め手にならないという説は、ほかならぬ白川氏の方から捨てられたのです。

「異次元緩和」も所詮、屁理屈

白川氏の工作にもかかわらず、安倍首相はインフレ目標と量的緩和論者の黒田東彦氏を日銀総裁に選び、黒田総裁は「異次元の金融緩和」を推進し、2年以内、2％の消費者物価上昇達成に自信を深めています。黒田氏は「異次元緩和をすれば、消費税増税のショックを吸収できる」と安倍首相に言って、予定通りの増税に踏み切らせたのです。

黒田氏も所詮は財務官僚上がりです。量的緩和の脱デフレ効果の論理をもっともらしく展開しながら、消費税増税を実現させる財務官僚のシナリオを実行したのでしょう。

そう見ると、御用学者は日銀や財務省にいいように利用され、理論は官僚の都合次第、というのが現実なのです。

学者やメディアに重要なのは、「官僚御用」にならず、しっかりと独自の視点を持って分析し、世に発信することです。

リーマン・ショック後のアメリカやイギリスは、素早い金融緩和でデフレを回避できました。金融緩和は脱デフレには欠かせません。しかしここまで15年間もデフレが長引いた日本が黒田総裁の言うように金融緩和だけでデフレから脱却できるはずはないのです。金融緩和すれば脱デフレを達成できるという黒田論法は日本の国益に適合した理論ではなく、財務官僚の都合に合わせた省益優先論なのです。黒田総裁を信じ過ぎるととんでもないことになりかねません。安倍首相にはぜひ、その点を見抜いてもらいたいところです。

貯蓄や株、証券などストック市場に溜まったままで凍り付いてしまったお金を溶かすには、金融市場を活用するしかありません。そうしてはじめて実体経済に金が流れ込み、景気が良くなり、日本経済が再び成長路線に乗るのです。つまりまずは円安株高にし、いわゆるストック市場を流動化させてやることが必要です。それでも、モノに対する需要が上がるとは限らないから、財政政策が重要になる。つまり増税などの緊縮財政は絶対に避けるべきなのです。

にもかかわらず東大教授を中心とする「御用学者」は財務省や日銀の意向を代弁するかのように、増税回避→国債暴落、悪性インフレといった風説を広め、消費増税を正当化しようとしています。

暴論がまかり通るわけ

こうした暴論が相変わらず大手を振って通用している一方で、きちんとした経済学的な考え方を持って、たとえば今回の消費税増税は結局、税収増には結びつかない、むしろ税収を減らすのだという、私のような主張をする学者は日本には非常に少ない。少ないというか、そうした考え方に立って意見を表明しようとしても発言する場が限られてしまいます。

たとえば日経新聞などは、そういう学者の意見を露骨に無視します。ですから世の中に広まっていく考え方は「経済成長は必要ない。消費税を上げれば世の中全部が良くなる」という、国際的常識からすれば、荒唐無稽な意見一色になってしまうのです。

日本は中国以上に言論の自由がないんじゃないかと思うことがあります。建て前では言論は自由ということになっていますが、少数意見は巧妙に排除されます。まともな議論をさせてもらえないと言った方がいいでしょうか。

たとえば2013年8月に消費税増税を巡る有識者会議が開かれました。そこで私の知り合いが消費税増税に反対する立場から意見を述べたのですが、居並ぶ増税賛成論の学者や知識人と議論はさせてもらえないわけです。

反対意見を述べたのはマクロ経済学が専門の筑波大学名誉教授・宍戸駿太郎先生と、若手エコノミストの片岡剛士さん。宍戸先生は80歳を越えた高齢でもまだまだお元気なケインジアンです。片岡さんは三菱UFJリサーチ&コンサルティングの経済・社会政策部主任研究員で、専門の応用計量経済学の立場から、きちんと計算をした上で今消費税増税はすべきではないという発表をしたのです。

結果はどうなったかというと、反対意見も聞きましたというアリバイ作りに使われただけでした。その有識者会議には「消費税増税は是非ともするべきだ」という意見を持つ東大教授の伊藤隆敏氏や伊藤元重氏など財務省の御用学者と言われるような人たちが同席しているわけですが、反対派と議論をすることはありません。

結局メディアにニュースなどで出てくるときは、「こういう意見もありました」でおしまいです。アメリカなら議会の公聴会で賛成派も反対派も長時間にわたって大いに議論をやります。日本では重大な経済政策については財務省が事前に根回しをしていて、自分たちに都合のいい学者に意見を言わせるだけなのです。これでは何のための有識者会議かわからないではありませんか。

日本がデフレでないとアメリカが困る？

日本がデフレから脱出できない理由として最後に指摘しておきたいのは、財務省や日銀はもちろん、マスコミや学者も含めてアメリカの顔色ばかりうかがい過ぎているのではないかということです。

「消費税増税しか日本の財政再建の道はない」と、こうした人たちが声高に叫べば叫ぶほど喜んでいるのは外国の投資ファンドであり、アメリカやヨーロッパの金融政策担当者です。このまま消費税増税が行われるということは、外国から見れば日本政府が、今以上に日本国債を買い支えると宣言し、それを実行したことになります。日本は先にも触れたように世界最大の対外資産を持つ国です。その政府が増税までして国債を買い支えるのですから、外国の投資ファンドなどは安心して日本国債を買うでしょう。日本国債を買うとは、円を買うのと同義ですから、円高が進むことになるのです。そうなれば円安で息を吹き返したかに見えた日本企業も再び日本に腰を落ち着けていられなくなり、国内での設備投資に期待していた人びとの思惑も泡と消えます。

結局、今までずっとそうだったように金融機関や企業が抱える資金は国内の投資先を失って海外投資に回ることになるのです。その投資先とは、もちろんアメリカ国債やアメリカ株です。日本のデフレはアメリカ経済の繁栄に不可欠なのだと言ったら言い過ぎでしょうか。

財務官僚や日銀官僚はもちろんマスコミも学者も、日本国民が汗水垂らして働き貯蓄した富がこうした構図でアメリカの繁栄を支えているのだということに目をつぶったままです。中国は日本を超える世界第1位のアメリカ国債の保有国ですが、アメリカに言いたいことはきちんと言っています。不透明な共産党体制に巨額の国債を持たれているアメリカにとってみれば中国はうっとうしいのでしょうが、中国もドルに暴落されては巨額の損失を被るので、米中両国の間には対話が成立します。それに引き替え日本は、ここまで国民を犠牲にしてデフレ政策を続けながら、アメリカに言いたいことを言わない。すると、アメリカも安心して、日本には要求し放題になります。

この点について、日本の若い人たちにぜひ考えてほしいと思います。

第五章　こうすれば元気な日本を取り戻せる

1　消費税増税凍結をためらうな

増税前最後のお正月はお気楽ムード

２０１４年の消費税増税後の日本経済を考えると、私はけっして明るい気持ちにはなれません。そんな私の気持ちとは裏腹に、２０１４年のお正月、新聞やテレビは、高額の福袋がいくつ売れたとか、株は２万円を超えるだろうとか景気のいい話題を並べ、アベノミクス健在のムード作りに必死です。

安倍首相も伊勢神宮を訪れた際の年頭会見で、この春には「景気回復の実感を収入アップという形で国民の皆様にお届けしたい。消費の拡大が、さらなる景気回復につながる」（２０１４年1月7日付読売新聞）と大見得を切りました。さらに「今年はデフレ脱却という勝利に向けて攻める番」（同）と威勢のいいかけ声も忘れません。また東京証券取引所の２０１４年大発会に出席した麻生財務大臣に至っては「どうやらデフレは脱却したようだ。さらに株価は上がるだろう」と相変わらずのお気楽ムードです。

みなさん、4月からの消費税増税など忘れたかのようです。しかし初売りのＣＭにはしっかりと「増税前、最後」の文字が躍っており、嫌でも消費者に消費税増税が近いことを意識させてくれました。

消費税増税率10%の早期撤回を

日本経済がアベノミクスでつかんだデフレ脱却への道筋を迷わず進んでいくにあたっては、何度も言うように2014年4月からの消費税増税は最大の障害です。私は今でもこのタイミングでの消費税増税はやめるべきだと考えています。

しかし政府は消費税増税による景気の腰折れ対策として5兆5000億円規模の事業支出を予定しており、これ以外にも住宅ローン控除の延長など住宅関連の減税や優遇措置をはじめとした景気対策を実施するとしています。安倍首相も政府関係者も消費税増税対策はこれで十分と考えているようで、これ以上、消費税増税問題には触れたくない様子がありありとわかります。

安倍首相の判断で消費税増税を2014年の4月から実施すると決めたのですから、その是非について、今さらゴタゴタ言われたくないという気持ちはわかります。それよりも「デフレ脱却に向けて攻める番だ」ということでしょう。

たしかに、4月からの消費税率8％へのアップは既成事実化し、小売店や企業もその準備を進めていますから、現実問題として撤回は困難であると認めざるを得ません。

しかし、消費増税は何もこの4月に限りません。財務省は野田前政権時代に2015年10月にさらに引き上げ、税率を10％にする法案を通させています。

8％増税の中止は政治的に不可能としても、10％への引き上げは絶対に撤回するべきです。そしてその宣言は1日でも早い方がよいのです。そうすれば安倍首相は「脱デフレが最優先。アベノミクスの成功のためには、財務官僚が敷くレールには乗らない」という極めて強力なメッセージを内外に流すことになります。

「7－9月期速報値で判断」という妖計

もちろん、法律を駆使する詭計《きけい》にかけては人後に落ちない財務官僚のことです。すでに、2015年10月からの追加引き上げについて着々と手を打っています。

たとえば財務省は消費税を8％からさらに10％に上げるタイミングとして、2014年7－9月期の国内総生産（GDP）の速報値が出る2014年12月時点での最終決断を安倍政権に勧めています。こう言うといかにももっともらしく聞こえますが、四半期のGD

P速報値というのは前四半期と比較した割合を年率に換算したもので、あくまでも瞬間風速です。

しかも比較の基準となる2014年4－6月期は4月から実施される消費税増税の影響を受けてGDPが大きく落ち込みます。なぜなら消費者は増税前の3月までに家電や家具、自動車などの高額商品や賞味期限の長い日用品を多めに買い上げるからです。いわゆる「駆け込み需要」です。そのため次の4月から6月にかけて消費需要の反動減が必ず起きます。しかし、そうはいっても消費者はいつまでも買い控えするわけにはいきません。そこで7－9月期は大きく消費が落ち込んだ4－6月期に比べて消費が増えるので、見かけ上、GDPの伸び率を押し上げるのです。

まったく同じことが1997年度の消費増税の際にも起きました。この現象をとらえて御用学者たちは消費増税によるデフレ効果は軽微だったと吹いて回っています。しかし、このときも10月以降、再び消費需要は減退し、翌年以降もずっと低迷が続くようになり、日本は「15年デフレ」に突入していったのです。

安倍首相は、この愚を繰り返してはなりません。安倍政権は「7－9月の経済データを見てから」という考え方を表明する時点で、すでに財務官僚の奸計《かんけい》にはまったのも同然なのです。安倍首相は早急に、「10％への消費増税はやらない」と決断し、脱デフレのために全力を挙げるべきなのです。

財務省の反対にひるまず見直しを

その場合、財務省はもちろんですが、与党、とくに公明党やメディアの抵抗はかなり強いでしょう。というのは、消費税率10％引き上げの際、先に触れたように公明党は生活必需品などへの軽減税率を、新聞社は新聞代への軽減税率適用を求めて、財務官僚はこうしたグループに対して、一応検討する用意があることをほのめかし、政治家やメディア経営首脳に頭を下げさせています。

共産党官僚支配の中国ならいざ知らず、日本のように自由な経済で、このように、特定の業界の利害を左右する権限を官僚が持つことはまことに異常と言うしかありません。もともと、デフレのときにデフレ圧力をかける政策をわざわざ企画し、政治家に実行させてきた官僚の行動は、日本国民への重大な裏切り行為なのです。メディアはその観点で消費増税を斬るべきなのです。

しかし何といっても安倍首相が消費税率の10％への引き上げを撤回すると言ったら大反

対するのは財務省です。そうなったら財務省はあらゆる方法を使って翻意させようとするでしょう。消費税増税による景気の中折れや、それを原因とした消費の低迷、株価の暴落や円高の再来といった状況に直面したとしても、です。たとえば１９９７年の消費税増税のときと同じようにマスコミや御用学者たちを使って、消費の低迷や円高、株安が消費税増税のせいではないという論陣を張るでしょう。

消費税増税によってアベノミクスの矢が折れデフレ脱却の道が遠のいたと思ったら、それでもなお、安倍首相は勇気を持って10％への増税を凍結してもらいたいと思います。たしかに当座は混乱するかもしれません。しかし本書で繰り返し述べてきたように、中小企業はそもそも増税分を価格に上乗せできる状況ではないのです。「消費税10％」を凍結した安倍首相の英断を歓迎しないはずがありません。

１９９７年消費税増税の轍を踏むな

また、消費税増税がデフレ脱却と日本経済の再生に真っ向から対立するものであることが明らかになれば、まだ日本の未来には希望が持てます。

最悪の結末は１９９７年の消費税増税のときのように、財務省が「消費税増税によって景気が低迷したわけではない」と主張し、それに政治家やマスコミも乗っかってしまうことです。そうなると、その責任や原因が曖昧なまま再び日本がデフレの泥沼に逆戻りしてしまいます。それだけは避けなくてはなりません。

先にも触れていますが1997年に消費税が3%から5%に増税されたとき、日本経済は急速に縮小に向かいました。しかしその原因を財務官僚は御用学者を使って同じ年に起きたアジア通貨危機のせいにしました。そして当然打つべきデフレ脱却の政策を実施せず、その後の長いデフレに日本経済を陥れたのです。

2014年4月から実施される消費税増税によって日本がデフレの泥沼に逆戻りしたとき、財務官僚は今度はどんな言い訳をするのでしょうか。

財務官僚が用意した責任回避の言い訳に安倍首相が乗っかることはないと思いますが、私も、そして本書を読んでいるみなさんも、今度は財務官僚の言い訳にだまされないように注意しなければなりません。

そうでないと、今度こそ日本は本当にデフレの泥沼から立ち上がることができなくなってしまいます。

2　日本経済を引っ張る製造業の国内回帰が不可欠

富を生み出す要は製造業

では消費税増税が行われ、日本経済が急収縮をはじめて日本が再びデフレの泥沼に陥りそうになったとき、再度日本経済を建て直し成長へと導く方法はあるのでしょうか。

早い段階で消費税増税が見直されることが条件ですが、やはり海外に生産拠点を移しつつある日本のメーカーをできるだけ国内に引き留める、あるいは新たな生産拠点を国内に再配置するような政策をとることが重要でしょう。

そのためには、まず為替相場を1ドル100～120円台で維持するとともに、企業が国内投資した際には税を免除する、あるいは減税するといった措置をとる必要があります。そしてその一方で、日本という国の産業構造にまで踏み込んだ国家戦略の練り直しが不可欠です。

ここまで成熟した産業社会になった日本にとってサービス産業が重要であることは言うまでもありません。けれども「製造業はもはや日本を支える屋台骨ではない」というような意見に与するのは、逆に時代遅れだと私は考えています。

日本人はやはり高性能なクルマや、高機能の家電製品・電子部品、精密機械・部品、省エネのシステムを国内で作って、高品質・高性能にふさわしい価格で輸出して、それを中心に富を増やしていくのが得意だし似合っているのだと思います。せっかくの高品質の日本製品を安く売るといった、これまでの日本の製造業のビジネスモデルだと、安い人件費を求めて中国など海外に高度な技術とノウハウごと移転させたあげく、多くのライバルを育てるはめになり、ますます低価格化、低収益の悪循環にはまってしまいます。

このビジネスモデルを転換し、国内は門外不出の技術に基づく生産に徹し、海外での生産は現地のニーズに合わせた量産型の品種や機種に絞り込むべきです。

情報技術（ＩＴ）やソフトウエア開発を担う人材を豊富に抱えたアメリカは、産業の中心を製造業から金融を含むサービス産業に大きくシフトして成功しています。しかし、その背景には、巨大な国防予算から生み出されるＩＴの技術革新を基盤に、インターネットなどでグローバル化を巧みに導き出す国家戦略がありました。そしてそのイノベーションを世界の基軸通貨であるドルの強みとリンクさせ、さらに金融サービスや法務サービスを発達させていくという流れがあります。

日本やドイツのモノ作り大国としての実力に危機を感じたアメリカが、生き残りを賭けて打ち出したのが、コンピュータとそのソフトウエアを中心に派生する広範囲かつ高度でグローバルな知識集約型産業を展開する戦略です。グローバル市場で大きなシェアを獲得するために、アメリカは軍事覇権国家、基軸通貨国家として、政治力を発揮し、他国には有無を言わせないでアメリカ式ルールを押し付けていきます。

そのアメリカの戦略を日本が真似できるはずはありません。また、中国、韓国、台湾のように量産で安く作ってモノを売る新興国型ビジネスモデルと競争しても、疲弊するだけです。

成功の具体例としては、デジタルカメラがあります。この分野で、日本の各社は自社の虎の子の技術とノウハウを外部に出さず、国内勢だけで競争しています。米コダックを含め、海外は日本製品に対抗できません。中国や韓国の反日デモの参加者たちが持つカメラはほとんど全部が日本製なのです。中国で日本車を焼き討ちにする暴徒の中にも、自分の持つ日本製デジタルカメラを叩き付けて壊す者はいないでしょう。

洗練されたデザインと材質のiPadやMACのパソコンも、創業者の故スティーブ・ジョブズ氏が、日本のモノ作りアイデアを佐々木正元シャープ副社長から聞いて、開発したのです。外側が鏡面のような上記の製品には、新潟県燕《つばめ》市の洋食器の研磨技術が貢献したのです。日本の伝統のモノ作り技術を総合化しデザインすれば、数多くの高付加価値製品が開発されるに違いないのです。

中小企業が日本を支える

ドイツがそうであるように、日本はその高い技術力と技術へのこだわりを活かしてモノ作りを国の産業の基礎として再度位置付けるべきです。そして国家戦略として国内の製造業を強力に保護育成していくことこそ今求められる政策です。その政策の主たる対象は日本の製造業の母体とも言うべき中小企業です。

本書ではたびたび財務官僚を批判してきましたが、今後の日本の産業構造を議論する上では経済産業省の官僚にも文句を言いたいことがあります。

それは彼らの頭の中にある「市場原理至上主義」とも言うべき考え方です。

経産省、昔の通産省と言えば、かつてアメリカから貿易摩擦を巡る交渉の中で「保護主義の権化」としてたびたび非難されてきました。その経産省を指して「市場原理至上主義」と言うと奇異に思う方も多いでしょう。私がここで言いたいのは、かつてアメリカから執拗に保護主義と非難されたことがトラウマとなっているからか、いつのまにか経産省の官僚の頭の中には特定の業界に国、つまり経産省が肩入れし、強力に国際競争力を高めていくやり方を軽視する考え方が根を張っていったのではないか、ということです。

とくにアメリカへ留学した経験のある経産官僚は、市場原理至上主義的な考え方が強いようです。

戦後復興時代からの経産省官僚の伝統的な考え方は、鉄鋼、家電、自動車、コンピュータ、半導体とその時代時代の代表的な業種を選んで育成し、アメリカなどとの国際競争で打ち勝つという目標を達成する「ターゲッティング政策」でした。これらの産業は日本を代表する大企業が担っていましたが、経産官僚は新規参入を規制し、国内の設備を調整したり、業界を再編成・集約する役回りを務めていました。半導体やコンピュータの場合、アメリカに対抗するため、企業をグループ化し、補助する手法をとりました。

これらの支援策を受けて各業界は力を付けたのですが、いずれも大企業ばかりです。国際競争できるようになると、これらの大企業は経産省の口添えなど不要ですから、経産官僚には仕事がなくなります。

その間に降って湧いたのが、日米通商摩擦です。繊維、鉄鋼、カラーテレビ、自動車、半導体とアメリカの対日輸入規制や対日制裁事件が絶え間なく続きました。経産省はそこで調整役として登場し、数々の対米輸出自主規制や米製品の強制購入を業界に受け入れさせてきました。しかし、日米摩擦の嵐が過ぎると、やはり経産官僚の仕事はなくなりました。

結局、経産官僚は不要になった「産業への介入主義」から「市場原理主義」イデオロギーに宗旨替えすることで延命を図り現在に至るのですが、市場原理主義とは民間企業のなすにまかせるのが原則ですから、経産省としては業界からのデータ収集以外、することがありません。本来なら、経産省は産業統計に特化し、業務を縮小すべきだったかもしれません。

経産省を中小企業省に

しかし、経産省にはまだ重大な役割があると思います。それは中小企業の育成と発展です。日本の中小企業は企業による雇用全体の7割近くを引き受けています。富士山に例えると、大企業は頂上部分に過ぎず、それを支える中腹と広大な裾野は中堅・中小企業が担っています。

経産省は「中小企業省」と改名して、中小企業政策を企画し、実行すべきです。

中小企業というと、いかにも古くさい表現ですが、パナソニック、ソニー、ホンダなど名だたる大企業も中小企業から出発したのです。よく言われるベンチャー企業も中小企業の部類に入ります。若者や野心と才能に満ちた現役の勤め人たちが、創業し、イノベーションを興す、あるいは既存の中小企業も大企業の系列から独立し、独自のマーケティング、技術開発によって世界に打って出る。日本各地にはその潜在力が満ち満ちています。

経産省の現在の中小企業政策と言えば、業界団体に天下りして、せいぜい政府系金融機関からの融資の口利きをするとか、新規参入を阻止するとか、およそ、市場原理の名にも値しません。

経産省のなすべきは、大企業重視の政策とも言える似非市場原理主義をやめ、日本の中小企業に新規参入を促し、自立、飛躍させる基盤を作ることです。日本の中小企業の企業家たちは独自の識見と技術とチャレンジ精神を持っていますが、それらを活かす金融や情報提供の機会に恵まれていません。にもかかわらず、中小企業が消費増税で経営を圧迫されても、財務官僚に対して経産官僚が消費増税に異論を唱えることはありません。経産官僚は中小企業を代表して財務官僚に立ち向かうべきなのです。

大企業偏重主義から脱却せよ

経産省の市場原理主義は似非に過ぎず、実態は大企業のなすがままにする大企業向けの自由放任主義であり、必要もないのに大企業の海外進出を支援して恩着せがましく振る舞う。その結果、日本のモノ作りの基礎である大企業や中小企業の技術が韓国や中国、東南アジアの諸国へ流出しています。

典型的なのは、韓国の電子機器メーカーによる日本企業とのライセンス契約や日本企業を退職した技術者の再雇用でしょう。ソニーやパナソニックなど、日本の大手アセンブルメーカーが円高ウォン安で腰砕けになっている間に、サムスンをはじめとした韓国企業は日本の大企業、中堅・中小企業の技術をどんどん買い取り、技術力を高め、日本メーカーを国際市場から駆逐していきました。この数年で韓国メーカーに奪われた市場は、テレビ向けの液晶パネル、記録用の半導体（ＤＲＡＭ）など、瞬時に数え上げることができます。

このとき政府がやるべきだったのは、もちろん進み過ぎた円高を是正することでしたが、それだけでなく韓国や台湾、中国の企業による技術取得目的の日本企業買収を制限したり、技術者の流出を阻止したりすることでした。行政指導で規制せよ、というわけではありません。そんなことをしても、裏ルートで技術は流出するはずです。

重要なのは、円高是正というマクロ政策ばかりではなく、国内の中小企業の再活性化を目指す新産業政策です。新しい機軸を打ち出す中小企業向けの戦略特区を全国に設け、法人税減税や雇用環境の整備を行うことです。異業種の中小企業をネットワーク化し新型の製品を生み出す「クラスター」と呼ばれる手法は、ドイツやオランダなどで成果を上げています。地方の大学、研究機関と民間企業、さらに農業者や漁業者が組んで、健康食品を開発し、海外にも売り込む。温泉などの自然資源と医療技術とおもてなしの精神を組み合わせると、世界から長期療養者や高齢者も集まり、地元の人びとには高度で経済的な医療サービスを提供できるでしょう。

多国籍化している大企業は、法人税減税などの特権を与えても、国内と総合的に比較して有利と判断する国々に投資しますから、かまわなくてもよいのです。今、重要なのは、国内を基盤とする中小の企業家たちです。

今からでも遅くありません。国が国内の中小企業を戦略として保護育成することは当たり前のことです。独立心旺盛な中小企業の経営者や若い野心家たちに挑戦の場を準備、提供するのは政府の役割です。

中小企業は日本経済の土台ですから、あらためて中小企業を日本の技術を守る要と位置付け、国家戦略として育成していくことをためらってはいけません。

そんなに安く売って誰がトクをする？

前述したように、今まで日本のメーカーは「より高性能なものを、より安く」を掲げて世界の市場に進出してきました。今再度国内に生産拠点を置くために日本のメーカーがその戦略を考え直す必要があるとすれば「より安く」の部分でしょう。

もう20年も前ですが、私がドイツ・ミュンヘンの自動車メーカー・ＢＭＷ社を訪ねたときのことです。たまたま対応してくれた社長が開口一番こう言いました。

「日本のクルマはすばらしい。とりわけトヨタはいい。彼らが自動車産業に貢献したことがあるとすればすばらしい性能の車をこれだけ安く作り大衆化してくれたことだ」

もちろんこれは日本メーカーへの皮肉です。――ドイツの自動車メーカーは高級車が高性能だがそれ相当の価格がするものとして売ってきた。それがブランドの力だ。それを日本のメーカーはぶち壊してくれた。なぜあれほどいいクルマをあんなに安く売るんだ。そんなことをして誰がトクをするんだ――というわけです。

優れた技術を高く売る工夫を

たとえば最近の日経新聞に２０１３年の第３四半期における世界の自動車メーカーの平均価格が載っていました。それによると日本車は日産が１９８万円、トヨタが２５１万円、ホンダが２７５万円であるのに対して、ドイツ車はフォルクスワーゲンが２６３万円、ベンツを主要車種にしているダイムラーが６７７万円、ＢＭＷが５１８万円でした。トヨタは高級車ブランドであるレクサスを入れてもこの価格なわけです。トヨタのレクサスにしても、ハイブリッド車にしても、それはすばらしい技術の塊です。そのすばらしい車をなぜベンツやＢＭＷの半分以下の価格で売らなければならないのでしょうか。

先に詳しく書いたプラザ合意のことを思い出してください。

あのとき日本は唯々諾々とアメリカに従って円高を容認し、中小企業を犠牲にして輸出品の価格を引き下げることで生き延びる道を選択しました。それに対してドイツは最終的にマルク高を拒否、メーカーは製品のブランド力を高めることを戦略の要とすることで生き残り、自国の産業とそこで働く人びとを守ったのでした。

日本も改めてこうしたドイツの戦略を参考に「高い技術力をそれに見合った価格で売る」戦略に転換すべきでしょう。

何が何でもコストダウンを優先し、それを中小企業に押し付けるやり方は誰も幸せにしません。

3　600兆円を超える政府資産の売却で財政再建

消費税増税での財政再建は無理

アベノミクスを成功に導き、日本経済をデフレの泥沼から脱却させるために、私は消費税の増税はいつでも見直す勇気を持つべきだと繰り返し述べてきました。そうすれば経済成長によってGDPが拡大し自然税収増も見込めるからです。私が概算してみたところ、名目GDP成長率が3％になると税収は年間約4兆円伸びるという結果が出ました。もし消費税増税がなく、アベノミクスが順調に日本経済を成長に導いていけば、2014年度には税収は51兆9000億円になる勘定です。政府が消費税増税を前提に立てている財政再建計画によれば、2014年度の税収は51兆5000億円ですから、財務省が仕掛けた消費税増税をしなくても易々と達成できる数字です。こうした試算結果は有力な民間の大手金融系シンクタンクのエコノミストたちも手にしているのですが、財務省からの「いじめ」を恐れて公開しません。

ところでアベノミクスによる税収の自然増にせよ、消費税増税によるにせよ、日本政府が抱える巨額の財政赤字は今後解消に向かうのでしょうか。

この点については消費税増税に反対する人はもちろん、やむを得ないと考える人たちからも疑問の声が上がっています。

先にも触れたように、現在日本政府が抱える借金は1000兆円を超えていると言われています。たとえば消費税を1％上げると税収が2兆7000億円増えるという財務省の言い分を認めたとしても、これだけの借金を消費税の増税だけで返すのはどう考えても無理だということは誰でもわかります。

政府の資産を減らして財政再建

財務省は2020年までに基礎的財政収支（プライマリーバランス）を黒字にするという筋書きを作り、政府はそれを頭から信じて公約に掲げています。

プライマリーバランスとは、簡単に言えば政府の税収と支出を比べたものです。2013年末現在では約45兆円の赤字です。これを歳出削減と消費税などの増税で2020年までに黒字にするというのが財政再建の道筋です。

しかし、これは単年度で黒字にすることを目指すというもので、財務省や政府が何かにつけて強調している1000兆円の借金を減らすことにはなりません。もちろん黒字になれば多少減ってはいくでしょうが、これが焼け石に水であるのは先にも触れた通りです。

それではこの巨額の借金を減らす方法はないのでしょうか。

日本政府の借金についての財務官僚たちの説明を信じるとすると、答えは「ない」ということになります。ところが前章でも触れたように日本政府は借金、つまり負債だけではなく、これまた巨額な資産も持っているのです。その資産をどんどん減らして、つまりお金に換えていけば、現在の借金を半分ぐらいにすることは簡単です。ただしこれには財務官僚が邪魔をしなければ、という条件が付きます。

日本政府は2012年度（平成24年度）で782兆円を超える総資産を持っています。単純に考えると1223兆円の総負債から総資産を引いた441兆円が実際の日本政府の負債になるはずです。これは会社のバランスシートを想定してもらえばわかりやすいでしょう。

ここまでは財務官僚も異論はないようなのですが、「じゃ、この782兆円をお金に換えて負債をなくしてしまいましょう」という話になると、とたんに歯切れが悪くなります。

金融資産は取り崩せないというウソ

三章でも紹介した財務省のホームページは、こんなふうに説明しています。

「政府の金融資産の過半は将来の社会保障給付を賄う積立金であり、すぐに取り崩して債務の償還や利払費の財源とすることができない」

これは一般の国民を対象にしたホームページに掲載されている文章としては、非常にわかりにくいだけでなく、明らかにウソが書かれているという意味で、典型的な官僚の作文と言えるでしょう。

どこがウソかというと、「政府の金融資産の過半は将来の社会保障給付を賄う積立金」という部分です。

三章で紹介した高橋洋一さんが財務省に在籍していた当時に持ち込んだ「国のバランスシート」という考え方は、ようやく２００３年度分から「国の財務書類」として一般にも見られるようになってきました。その平成24年度分を見てみましょう。

「資産の部」に並んでいるのが政府の資産で、そのうち金融資産と呼べるものは、上から現金・預金22兆円、有価証券110・8兆円、貸付金139・5兆円、出資金62・2兆円などで、総資産から国有地などの有形、無形の固定資産を差し引くと約460兆円になります。

ではどれが財務省の言う「将来の社会保障給付を賄う積立金」なのでしょうか。「過半は」というのですから200兆円を超える額でなければいけないはずですが、そんな大きな額の項目はありません。「国の財務書類」の説明を詳しく見ていくと「年金給付財源に充てるために保有している『運用寄託金』などの資産」という注記があり、運用寄託金106・7兆円がどうやらこれにあたるようだとわかってきます。

このように一部が将来の社会保障、つまり年金のための寄託金であることはたしかですが、これが過半であるというのは言い過ぎでしょう。またこれを取り崩すと年金制度が崩壊すると言う人がいますが、年金保険料をきちんと徴収すれば運用寄託金がなくなったからといってすぐに年金制度がゆらぐというものではありません。取り崩せない理由を社会保障給付に求めるのは、財務官僚が自己の権益にある政府資産を取り崩したくないからでしょう。

国の貸借対照表（平成24年度末）

（単位：兆円）

	前年度（平成24年 3月31日）	平成24年度（平成25年 3月31日）		前年度（平成24年 3月31日）	平成24年度（平成25年 3月31日）
〈資産の部〉			〈負債の部〉		
現金・預金	17.7	22.0	未払金等	11.2	11.3
有価証券	97.6	110.8	政府短期証券	107.2	101.7
未収金等	13	12.4	公債	791	827.2
前払費用	4.3	2.8	借入金	24.5	26.8
貸付金	142.9	139.5	預託金	7.5	7.3
運用寄託金	110.5	106.7	責任準備金	9.2	9.2
貸倒引当金	▲ 2.7	▲ 2.6	公的年金預り金	118.5	114.6
有形固定資産	180.9	180.3	退職給付引当金等	11	10.1
無形固定資産	0.2	0.2	その他の負債	8.1	8.8
出資金	59.3	62.2	負債合計	1,088.2	1,117.2
その他の資産	5.2	5.8	〈資産・負債差額の部〉		
			資産・負債差額	▲ 459.3	▲ 477.0
資産合計	628.9	640.2	負債及び資産・負債差額合計	628.9	640.2

計数は、単位未満四捨五入。

（データ出典：財務省）

天下り全廃で負債は200兆円減る

それではこの運用寄託金以外の金融資産はどういう性質のものなのでしょうか。

実は最も太いお金の流れは、特殊法人や独立行政法人への貸付金と出資金を合わせた約200兆円です。具体的には貸付金139・5兆円と出資金62・2兆円になります。これらのお金はどこに流れているのでしょうか。まず貸付金ですが、地方公共団体に対する貸し付けや株式会社日本政策金融公庫など、いわゆる政府系の金融機関向けが大半を占めます。

これらの貸付金は財務官僚をはじめとした官僚たちがウンと言えば、簡単に無くすことができます。地方公共団体に対する貸し付けは、地方自治体が自ら地方債を発行できるようにすればいいのです。もちろんこの貸し付けは財務省のいわゆる「紐付き」融資になっていますから、この権限を手放したくない財務省は反対するでしょう。しかし地方分権の流れから言っても、こうするのが理にかなっていると私は考えますが、みなさんはいかがでしょう。

また政府系金融機関への貸し付けも大半は不要です。政府系金融機関が中小企業向け金融で重要な役割を果たしているには違いありませんが、大企業に融資して海外進出を後押しする必要はありません。大企業は自らの信用力によって金融市場から有利な条件で資金調達できますし、200兆円以上もの余剰資金を手元に持っています。政府系金融機関自体、「政府系」ということで、日本国政府並みの信用力を持っており、自ら債券を発行するなどして市場から安いコストの資金を調達できるのです。

出資金は10兆円ほどですが、民間の企業ではあり得ないほどの資産を抱えた独立行政法人に出資され、そこで都心の一等地などに形を変えて国の資産になっています。これらの独立行政法人を民営化し、貸付金を返してもらえば国の借金はぐっと減ることになります。

なぜ今までこうした特殊法人や独立行政法人への貸し付けや出資が行われてきたかというと、これらが財務官僚をはじめとした霞ヶ関の官僚たちの天下り先であるからです。

したがって、官僚の天下り先への政府の貸付金や出資金を引き上げて民営化しても、困るのは、天下り先を失った官僚だけです。この二つの政府資産を国庫に戻す、つまり前々から議論されてきた官僚の天下り先の全廃をするだけで、日本政府の負債は一挙に200兆円も減る計算です。

「外為特会」に積み上げられた100兆円はアメリカ国債

負債の項目を見ていくと、政府短期証券93・6兆円があります。短期証券は外国為替資金特別会計で政府が為替介入するための資金を民間金融機関から調達するために発行されますが、ほとんどがアメリカ国債購入に充てられます。

外国為替資金特別会計とは外貨準備のための特別会計のことです。外貨準備総額は2013年末で1兆2668億ドル(1ドル100円換算で約127兆円)の規模があります。外貨準備とは政府や中央銀行(日銀)が保有する外貨のことです。対外債務の返済や輸入代金の決済のために使うほか、自国通貨の為替レートが変化したときに外国為替市場に介入するために保有するものです。

ただし最初の二つの目的に限るのであれば、日本のような100兆円を超える外貨準備は異常と言わねばなりません。まず、日本は世界最大の債権国であり、政府が対外債務の返済や輸入決済のための巨額の外貨建て準備金を持つ必要はありません。そもそも、先進国は日本だけでなく、みな変動相場制をとっており、外為市場介入はごく限られた場面で最小限に行われており、ほとんどはほんの少額です。世界最大の債務国であるアメリカの外貨準備額は日本の12分の1でしかありません。

中国のように事実上の固定相場制を保つためには、十分な外貨準備を持ち、急激な為替変動から自国の通貨のレートを保つために為替介入をしなければなりません。しかし変動相場制では為替レートは市場にまかせるのが普通ですから、日本のような巨額の介入資金は不要だし、「日本は外為市場を操作している」と疑われかねません。

事実、日本政府はほかの先進国から「日本は不当な為替介入をしている」と非難されたくないので、外債への借り換え（ロールオーバー）という面倒な手段を使って実質的な為替介入を行っているのです。ここでは詳しい説明は省きますが、要するに政府が買い上げたアメリカ国債の返済期限がきても、償還分を円で受け取らず再びアメリカ国債を買うのです。これを繰り返すことで実質的に円売り・ドル買いと同じ効果を生むのです。アメリカ側では自動車産業などからの対日批判を背景に議員たちがこの外債への借り換えに疑いの目を向けていますが、アメリカ政府にとってみれば、アメリカ国債を大量に買ってくれて金融市場を安定させてくれるということで、黙認しているのが実情です。

日銀引き取りで成長戦略基金を

問題は、政府がわざわざ短期証券発行を通じて民間の貯蓄を借り入れて債務を増やしていることです。国内の貯蓄は本来、国内経済のために使うのが経済学上の常識です。対米協力のためにアメリカ国債を買う必要があるなら、日銀資金で賄えばよいのです。日銀は本来その業務を引き受けていたのですが、財務省は1997年の日銀法改正時に、外為業務を財務省に全面的にまかせることで日銀を説き伏せました。その結果、財務省は日銀からではなく、民間貯蓄をアメリカ国債に振り向けるようにしたのです。そのようにして、財務官僚は民間金融機関との間で2重の利権構造を築き上げました。

一つは短期証券ですから、2カ月で更新のための発行があり、それを売り買いする金融機関が巨額の手数料を得ます。もう一つはアメリカ国債の売り買いです。通常、アメリカ国債は2年程度で償還されます。財務省はその買い替えや運用を外資系など国内外の金融機関に丸投げして、ぼろ儲けさせます。

日本円で120兆円もの資金が国内とアメリカで絶えず借り換えられるので、その手数料は年間数百億円規模になると金融界では言われ、ある外資系金融機関はアメリカ国債借り換えの指示が財務省から寄せられると、担当部署はワインで乾杯するとのことです。財務官僚はこうしてOBを外資系などに天下りさせ、高給を保証させます。高給の原資は日本国民の税金から支払われるのです。

百歩譲って、外国為替市場が乱高下するなどの非常時に為替介入すること自体はよしとしましょう。しかし市場が落ち着けば、為替介入は不要になりますから、それに使った資金は回収すべきです。また、この120兆円の外貨準備は、もとをたどれば国民が汗水垂らして働いた貯蓄を原資としています。このお金はアメリカ国債に姿を変えていますから、円高が進めばどんどん目減りしていくのです。

さらに問題なのは外貨準備の運用先はもちろん、その手数料も公表されていないことです。100兆円の運用手数料は莫大なものです。その運用先がほんの一握りの財務官僚によって決められ、しかも公表されていないのです。

要するに外国為替資金特別会計は財務官僚にとって都合がいいだけで、国民の利益にはまったくなっていないのです。

私はこのアメリカ国債を日銀が引き取り、それでできる100兆円を基金に日本経済を成長させるための積極的な投資に使えばいいと考えています。橋本龍太郎元首相が1997年当時にした「アメリカ国債を売りたい誘惑に駆られたことがある」という発言以降、政府が保有するアメリカ国債の売却はタブーとされていますが、これならアメリカ国債を市場で売るわけではありませんから、アメリカも反発しないでしょう。現に、2011年3月に東日本大震災が起きたとき、アメリカ共和党系の要人たちは、日本がアメリカ国債を復興財源に使えばよいと言っていました。それを財務官僚は完全に無視し、代わりに増税を当時の民主党政権に呑ませました。

政府資産の活用で増税なき財政再建へ

政府の資産には金融資産以外にも270兆円近い固定資産があり、その大半は不動産です。国家安全保障のために欠かせない施設や不動産は別としても、巨額の価値のある不動産が官僚の特権を維持するために効率の悪い使われ方をされ、国民経済の損失になっています。

財務省は「国有地である山や川を売ることなどできない」と政府の保有する不動産の売却を求める声を一蹴してきました。しかし考え方を変えれば、いくらでも有効活用が可能です。証券化したり空中権を売却するなど、民間の知恵も動員すれば、お金を生み出すアイデアはたくさん出てきます。

より肝心なのは、政府債務は国民の債務ではなく、官僚が牛耳る政府の債務であるという大原則です。それを財務官僚は政府債務＝国民の借金という詐欺論法にすり替え、メディアに書かせてきました。

この大原則に立ち返れば、政府は増税する前に、資産を見直し、売却して返せる借金は返すという責任ある基本的な姿勢を鮮明にすることです。

官僚の天下り天国を全廃して、政府の負債を200兆円減らし、外為特会の120兆円を日本再生の基金とすれば、増税しなくても日本はどんどん元気になり、財政再建の道筋もより明確になってくると私は信じています。

4　円の国際化で日本経済をもっと元気に

アベノミクスが中国・韓国経済を直撃

2013年、アベノミクスによる円安の進行は、日本の大手メーカー、それも輸出中心のメーカーから元気にしていきました。しかしお隣の韓国や中国は大変です。

韓国は1997年のアジア通貨危機でIMFの支援を受けざるを得なくなりました。しかしその後は、乱立していた財閥やメーカーが淘汰されると同時に、ウォンの対円安政策によってウォンが円に対して5割も安くなったことから、液晶テレビや半導体メモリーなどの分野で日本のメーカーを駆逐することに成功しています。とくにこれらの分野では日韓の技術差が今やほとんどなく、国際競争力となると、単純に為替レートの差として現れるといった事情がありました。円高ウォン安を放置してきた安倍政権以前の日本政府の無策ぶりは、間接的にではあれ韓国企業の成長に手を貸してきたと言ってもいいほどです。

円安によって中国メーカーの国際競争力が落ちてきた事情は韓国と同じです。しかしもっと深刻な問題を中国は抱えています。中国はさまざまな要因から13億の人口を擁する「世界最大の消費市場」というメッキがはがれはじめているのです。

たとえば中国は国際社会からの人民元切り上げ圧力にさらされてきました。それに抗って、中国政府はドルに対する人民元切り上げ幅を最小限に抑さえる管理変動相場制を維持することに必死です。けれども、このところの先進国の通貨安政策は実質的な人民元高を招いていました。そこにアベノミクスによって円安まで起こってしまったのですから、大変です。

また「シャドーバンキング（影の銀行）」と呼ばれるノンバンク融資が大手を振ってまかり通る中国独特の金融システムはパンク寸前です。ＧＤＰの伸びに関しても、中国政府の発表をもはや誰も信じなくなっています。さらに今や世界的に有名になってしまった北京の大気汚染に代表される公害問題は、急激に地方にも広がっています。

現在日本と中国・韓国の政治的関係は、ここ30年ほどで最悪の状態にあると言われていますが、それはこうした円安を巡る日本と中国・韓国の確執が反映されているものと見ることもできます。

数兆ドルの資産が中国から流出？

では、これからさらに円安が進み1ドル120円あたりまでいったとき、中国・韓国の経済を巡って、どんなことが起きるでしょうか。

最も心配されているのは中国発のアジア通貨危機が起こるのではないかということです。中国の通貨政策は日本や欧米諸国と違って資本規制を前提にしています。中国の企業が海外との取引で入ってくる外貨はすべて中央銀行（中国人民銀行）が買い上げ、為替レートは中国の役人が決めています。したがって人民元の対ドルレートの変動は中国側に都合のいいように管理されていますし、中国国内と国外を自由に流通する人民元というものはありません。こうした仕組みはこれまでのように中国が高い経済成長を維持し続けることを前提にしたものです。そしてその限りでは非常に大きな効果を上げてきました。

日本は先に説明したようにプラザ合意で急激な円の切り上げを求められ、それをきっかけにバブル経済に火がつき、バブルの崩壊、長期にわたるデフレという辛酸をなめてきました。こうした日本の「失敗」に中国はきっちりと学んだと言えましょう。

しかしここまで中国経済が発展し、今までのような高成長を維持できなくなってくると、いろいろな歪みが顕在化してきました。

先に触れたように各国の通貨安政策が相対的な人民元高を招き、それがさらに成長にブレーキをかけるという悪循環に中国経済は陥ろうとしています。中国としては国際社会からの切り上げ圧力とは真逆の、さらなる人民元切り下げに動きたいのが本音です。

とはいえ、もし中国が人民元切り下げに動けば中国に投資している外国企業はどうするでしょう。人民元が下がると外国企業が投資した資産価値も下がり、受け取るリターンも減ってしまいます。そうなればこれまで中国の高成長を支えてきた外国資本が国外に逃げ出してしまう恐れが出てきます。さらに言えば共産党のエリートなど中国の富裕層が抱える資産も人民元の切り下げによって価値が下がってしまいますから、やり方を一つ間違えると富裕層が抱える数兆ドル単位の資産が国外に流出する恐れもあるのです。

中国発の通貨危機に備えを

つまり中国の通貨政策は今、ドルに対して切り下げることも切り上げることもできない状況にあるのです。そこにアベノミクスによる円安という、想定外の状況が起こりました。今まで中国政府はしたたかな通貨政策をとり続けてきましたが、ここにきて綱渡り的な危うさを感じるのは私だけでしょうか。

これは１９９７年に起きたアジア通貨危機のときの状況によく似ています。

このときの舞台はタイやインドネシアなど、東南アジアと韓国でした。このときも今回と同じように円安が2年ほど続いていました。当時アメリカはドル高政策を進めており、ドルに固定されていた東南アジア各国の通貨もドルといっしょに急上昇しました。そこをヘッジファンドに狙われ、大量の自国通貨を売り浴びせられることになったのです。そのため、それまで好調に推移していた各国の経済は一気に崩壊に向かいました。

このとき華僑のマネーはより安全な国を求めて素早く移動しました。アジア通貨危機はインドネシアで30年以上続いたスハルト政権の崩壊を招きましたが、この原因となったのは華僑のグループがインドネシアからシンガポールの銀行にいち早くお金を逃がしたことです。

これと同じようなことが今の中国で起きないと言い切ることはできないでしょう。人民元を切り上げれば、日本企業をはじめ中国へ進出している外国企業は中国で生産する意味が薄れますし、切り下げれば外国資本が国外へ逃げるだけでなく、華僑や共産党の幹部、そしてその一族、郎党たちが、中国国内にある資産を一気に国外へ逃がすでしょう。どちらにしても危ういバランスの上にある中国経済を一気に崩壊させるだけのインパクトを十分に持っています。もし今中国経済が崩壊すれば、その影響はアジア全体、あるいは世界全体に広がっていくでしょう。

さらに問題なのは人民元が今や東アジア地域の標準決済通貨と言われるほどの力を持っていることです。1997年のアジア通貨危機の際、バーツ（タイ）やルピア（インドネシア）の暴落が周辺国に与えた影響は少なくありませんでしたが、現在の人民元の持つ影響力とは比べものになりません。

円の国際化を急げ

では中国発のアジア通貨危機を回避する方法はあるのでしょうか。

回避するには日本が関与できる要素が少ないので難しいかもしれませんが、アジア通貨危機が起こった際のインパクトを和らげる方法はあります。それはアジア通貨危機に備えて積極的な円の国際化戦略を日本政府がとることです。

現在まで、中国共産党の戦略的な通貨国際化政策を背景に、人民元は東アジアの決済通貨としての地位を築き上げてきました。これに対して日本は常に後手後手に回ってきました。このままでは、アジアの国との貿易をはじめとするビジネス取引の決済を人民元で行わなければならない状況が、どんどん増えていくでしょう。アメリカがあれほど強い経済力を誇示していられるのは、ドルが世界の基軸通貨として君臨しているからです。

もちろん円の国際化を机上でいくら議論しても現実は変わりません。必要なことは、あらゆる機会をとらえてアジアでの円の資金決済を広げていくことです。今までは親会社と子会社、あるいは系列企業同士で行われることがほとんどでしたが、これをもっと広げていかなくてはなりません。

また東アジアの富裕層、とりわけ華僑の人びとが、円建ての金融商品を持ってくれるよう規制の緩和をすることはもちろん、政府がもっと努力をすることが大切です。これまで円建ての金融商品は種類が少なく利回りも十分でない上に、仕組みがわかりにくいなど魅力のあるものではありませんでした。日本は中国と違って金融市場を世界に向かって開放しているのですから、そのメリットをもっと活用すべきです。

幻のアジア通貨基金

今では忘れられてしまった感がありますが、1997年のアジア通貨危機に際して日本は東南アジアの国々の要請に応えて1000億ドル規模のアジア通貨基金（AMF）の創設を提案しました。その年の9月に香港で開かれたIMF・世界銀行総会でのことです。これが実現すれば円はアジア通貨の標準となっていたはずです。しかしアメリカはこれを許さず、最終的には中国と手を組んで強引にこの構想を潰しました。

その頃ちょうど私は香港に駐在していました。総会の会場へ行ってみると、その裏舞台では知り合いのアメリカの財務省の高官が中心になって、日本のAMF構想をいかに潰すかという工作ばかりやっていました。そのときアメリカはクリントン政権で、財務長官のルービンが陣頭指揮をしていました。銀行出身でウォール街でも活躍していたルービンは、香港での表舞台にはほとんど出ず、さっさと北京に飛びました。そして北京で朱鎔基に会って、中国をアメリカ側に引き寄せたのです。

中国はそのときまでAMF構想については、判断を保留していたのです。ところがルービンの説得によって、中国はこの構想に反対することに決めたわけです。そうなるとそれまで日本に事実上、AMF設立を要請していたASEAN諸国も動揺してしまいました。

中国が反対ならどうしようもないという雰囲気が一気に濃厚になっていったのです。後になって当時のタイの大蔵大臣にインタビューしました。彼が言うには、タイの経済は事実上華僑が牛耳っている。その華僑は中国本国に弱い。だから中国が反対だとなるとわれわれはこれを諦めざるを得ない。中国との関係が壊れたら、われわれは本当に大変なことになる。日本人にはそれがわからんでしょう、ということでした。

このときの日本の首相は本書にもたびたび名前が出てくる橋本龍太郎氏です。最終的にこのＡＭＦ構想は閣議決定を前提に議論されているタイミングで断念されたようです。橋本首相は最後までやる気でしたが、ホワイトハウスから直接、首相官邸に電話がかかってきて、「やめろ」と言われたようです。具体的にどんな話だったかは明らかになっていませんが、当時の日本政府は東南アジア諸国から懇願されたこともあり、アメリカが反対するとは考えていなかったのです。むしろアメリカに代わって日本が各国を支援することを歓迎するのでは、と甘く考えていたのでしょう。

中国も巻き込みアジア通貨基金の設立を

ところがアメリカは、日本が東アジアといえども通貨の主導権をとることは許せないという態度をはっきり示しました。アジア通貨基金とは、いわばアジア版のＩＭＦです。これを日本が牛耳ることは、アジアの通貨金融について絶大なる発言権を持つことと同義です。アメリカは日本がアジアの金融のリーダーとなってアメリカやＩＭＦの言うことを聞かなくなることを恐れていたのでしょう。ＩＭＦとしては日本主導で東アジアの通貨政策が進められると、金融の自由化など、今までＩＭＦが進めてきた政策やルールをアジア諸国が反故にしてしまうのではないかと恐れたのでしょう。

このまま円安が進んで１ドル１２０円を超えるような状況になったときは、こうした過去の教訓を総括した上で、もう一度アジア通貨基金の設立を狙う戦略を立てるべきだと私は思います。

アメリカはもちろん猛反発するでしょう。しかし１９９７年のアジア通貨危機に際しては、自ら判断できずアメリカの説得に応じた中国ですが、今後もし中国を舞台にアジア通貨危機が起こったような場合、従来のアメリカとの連合だけでは危機を緩和できません。アメリカもリーマン・ショック以来、ドルの威力を大きく損ない、中国支援のために巨額のドル資金を発行すれば、それこそドルは国際金融市場で信認を失墜し、暴落しかねないのです。

他方で、日本はアベノミクスの「異次元金融緩和」が示すように、まだまだ巨額の円資金を日銀が発行できるゆとりがあります。

つまり今後起こりうるアジア通貨危機に備えて日本とアメリカと中国が協調することは、けっして無理な話ではないのです。アメリカがその際、日本の円のアジアにおける役割を認めてもおかしくありません。3カ国の取り決めで、円、ドル、人民元の3大通貨の間の相場を安定させる仕組みを作れば、日米中ばかりでなく、アジア全体の利益になります。

今日、沖縄県尖閣諸島の領有を巡る問題や安倍首相の靖国神社参拝で日中関係は最悪になっています。日本が固有の領土を守るのは当然のことですし、首相が英霊に礼を尽くすのは国民の代表としての義務です。

しかし、そのことで日中間の経済面での連携も壊れると、中国経済の崩壊を早めます。中国の崩壊に「快哉」を叫ぶ方々も多いでしょうが、日本も大量の返り血を浴びることになります。東アジア全域にとってけっしてよいことではありません。理不尽な韓国の島根県竹島占領や、ねじ曲げた韓国側の「歴史認識」のためにこじれた日韓関係も同じですが、経済問題と歴史問題や領土問題は切り離して考える理性が、中国経済崩壊の恐れのある今、必要なのです。

おわりに

消費税増税がなぜ、日本の若者から将来を奪うのか、官僚たちがなぜこうも間違った増税を仕掛けるのか、政治家はなぜ無力なのか、大学教授やメディアはなぜ日本自滅の政策を推奨してやまないのでしょうか。

原因は大局観の欠如です。世界経済がかつてなく大きく変質し、不安定になったというのに、官僚たちは古代、封建時代から現在まで延々と続く増税路線で国家経済を運営できるといまだに信じているのです。

世界はどう変わったのか。

資本主義の総本山、アメリカを御覧なさい。同国民は借金をしては消費にふけります。

「借金ってどうすれば可能なの？」

「高度に発達した金融市場」というのが、その答えです。

金融市場というのは、迅速に巨額の借金を可能にする場のことです。金融市場の主力は証券類の取引です。株式や債券は企業や政府による資金調達手段、つまり借金の手段です。住宅ローン証券化商品は借り手の債務が証券にされていますから、これも広い意味での借金手段ということになります。

証券は投資家がいないと発行できません。そのために必要なのは、証券相場の変動による損失のリスクを少なくしてしまうことです。

そんなマジックを可能にしたのは、金融派生商品（「デリバティブ」とも呼ばれます）です。デリバティブは主に、証券類の相場の変動に伴う損失のリスクを取引する手段です。デリバティブは21世紀に入って以来、情報技術（ＩＴ）革命とともに急速に膨張してきました。リスク引受保険があるから、家計には金融機関が低金利で住宅ローンを貸し出しできるようになるので、住宅需要が増え、住宅価格が上がります。それに気をよくした家計はもっと借金して車や家財などを買う気になるし、銀行も喜んで貸し出します。こうしてアメリカの借金主導型消費経済が成り立つのです。

しかし、所詮は借金です。住宅価格が２００７年に下がりはじめると金融市場では次第に不安心理が広がり、その崩壊は２００８年9月のリーマン・ショックで決定的になりました。消費者が使えるお金がなくなったばかりか、住宅価格の暴落でローンの返済もできません。

アメリカの中央銀行である連邦準備制度理事会（FRB）がそこでとったのは、巨額のドル札の発行です。金融商品の価値が10兆ドルも無くなったのに対し、約3兆ドルの資金を金融市場に注ぎ込んだのです。

日本はどうしたか？

そのときは日銀はお金を刷ろうとしなかったのですが、2012年末に発足した安倍晋三政権の要請を受けて「異次元の金融緩和」という名目で、アメリカに負けじとばかり円資金を発行して円安・株高を演出しています。

本書で詳述したように、日本は1997年度の3％から5％への消費税増税以来、「15年デフレ」に突入し、若者や現役世代を苦しめ続けてきました。デフレとはモノに対するお金の価値が上がることを言いますが、誰も消費に使わなくなるので、景気が悪くなり、勤労収入は細るのです。ならば、お金を大量発行して、その価値を下げるというのがアベノミクスです。

しかし、アメリカも日本もお金を刷れば景気は良くなる、デフレ不況から脱却できるとみなすのは、恐るべき判断の誤りです。

日本経済は金融市場主導ではありません。家計は金融資産の過半を現預金で持ち、企業は銀行融資に依存しています。株価が上がっても、景気の回復力は極めて弱いのです。円安になって収益を増やす大企業の多くは多国籍化しており、収益の増加分は海外での設備投資に回します。産業の広大な裾野である中小企業の大半は内需型です。円安の分だけ石油など原材料コストが上昇するので、中小企業の収益は大幅に減少する始末です。

そのような状況で消費税増税に踏み切るのは大変な間違いです。黒田東彦日銀総裁は異次元の金融緩和をしているから、消費増税しても大丈夫と言って、安倍首相に増税を最終決断させたのです。ところが、日本はモノ作りに代表されるように、勤勉な国民が緻密な技術を駆使して生産して、家計が所得を得て、消費、貯蓄します。借金して消費するアメリカとは真逆です。モノに代表される実体経済主導型の日本は、借金主導型のアメリカとは本質的に異なるのです。

日銀がお金を刷って超円高を是正し、株価を引き上げる効果は確かにあります。私も、かなり前から日銀に対してお金を刷れ、と言い続けてきましたが、金融以上に財政の役割が重要とみて、家計消費を減退させる消費増税に対し、全国紙ではただ一人反対の論陣を張ってきました。

実体経済は家計が働いて得た所得で消費することで成り立ちます。政府がその所得を取り上げると、経済全体が沈んでしまいます。消費税増税で2014年度の物価は3％以上、上昇する見通しですが、家計を痛めないためには3％以上の賃上げが必要です。大企業のごく一部はそうするかもしれませんが、国内の労働コスト上昇を嫌って、ますます海外での雇用増にのめり込むでしょう。全雇用の7割近くを引き受けている中小企業は収益減に苦しみ、多くは賃上げどころではありません。

金融主導、つまり借金主導型のアメリカ型経済は今や、世界の不安要因になっています。FRBが刷るお金は新興国市場に流れ込んで、株価を引き上げたのですが、FRBが2013年12月にこの金融緩和を縮小すると言い出して、新興国の株価や通貨が暴落し、日本を含め世界を巻き込む恐れが出ています。

世界経済は金融主導型へのシフトを止めるべきです。日本は、中小企業主導型の経済成長モデルに切り替えるべきです。日本の中小企業は事実、中国、韓国の羨望の的です。安倍政権は若者の新規ビジネス立ち上げを促し、中小企業を若者の手で活性化させ、国内経済を海外志向型の大企業主導から転換させるときなのです。

そのための前提となるのが、新たな経済ビジョンの確立であり、その妨げとなる消費税増税を撤回する勇断です。でなければ、日本の未来を担う若者にチャンスは巡って来ないでしょう。

２０１４年1月末日

田村秀男

著者紹介

田村秀男（たむら ひでお）

産経新聞社特別記者・編集委員兼論説委員。高知県出身。早稲田大学第一政治経済学部卒。日本経済新聞ワシントン特派員、米アジア財団上級フェロー、日経香港支局長、編集委員、日本経済研究センター米研究会座長 (兼任)、早稲田大学政経学部講師 (同) などを歴任。現在、早稲田大学経済学大学院非常勤講師を兼ねる。著書に『人民元・ドル・円』（岩波新書）、『世界はいつまでドルを支え続けるか』（扶桑社新書）、『人民元が基軸通貨になる日』（PHP 出版）、『財務省「オオカミ少年」論』（産経新聞出版）、『日経新聞の真実』（光文社新書）、『反逆の日本経済学』（マガジンランド）、『アベノミクスを殺す消費増税』（飛鳥新社）、『日本ダメだ論の正体』（共著、マガジンランド）など多数。

幻冬舎ルネッサンス新書　089

GENTOSHA RENAISSANCE

消《しょう》費《ひ》増《ぞう》税《ぜい》の黒《くろ》いシナリオ
デフレ脱《だつ》却《きゃく》はなぜ挫《ざ》折《せつ》するのか

2014年2月20日　第1刷発行

著　者　田村秀男
発行者　新実 修

発行所　株式会社 幻冬舎ルネッサンス
〒151-0051　東京都渋谷区千駄ヶ谷4-9-7
電話 03-5411-6710
http://www.gentosha-r.com

ブックデザイン　田島 照久
印刷・製本所　中央精版印刷株式会社

ISBN 978-4-7790-6094-6 C0295